第2回びわ湖検定

問題と解答

目　次

凡例

- 本書では、「琵琶湖」と漢字表記になっている固有名詞を除き、「びわ湖」と平仮名での表記に統一しました。
- 人名・地名などの固有名詞の漢字表記や読み仮名は、一般的に通用しているものを採用しましたが、別の表記が存在する場合もあります。
- 問題文中にあった「今年」「昨年」などの語には、続くカッコ内にいつのことかを注記しました。
- 市町名は、第2回試験が行われた2009年11月時点のものです。

第３回びわ湖検定の試験概要

試験日　平成22年（2010）**11月28日(日)**　午前９：30～

試験場所　**立命館大学びわこ・くさつキャンパス、滋賀県庁**

試験実施　**１級、２級、３級**

申込締切　**9月10日(金)～10月20日(水)　消印有効**

出題内容　滋賀の自然環境、歴史・文化、観光・物産、くらしなどについて

受験資格　学歴、年齢、性別、国籍等の制限はありません。
（ただし、言語は日本語による対応のみです。）
１級受験は、２級合格者に限ります。

出題レベル、合格基準、受験料

級	出題数	レベル・内容	合格基準	受験料
３級	80問以内	・基礎的な知識レベル ・公式テキストの中から７割以上を出題 ・公式セミナーから１割程度を出題	・マークシート択一方式で**70%以上の正解**で合格 ・スタンプラリーで最大20%加点	2,000円
２級	100問以内	・やや高度な知識レベル ・公式テキストの中から７割以上を出題 ・公式セミナーから１割程度を出題	・マークシート択一方式で**80%以上の正解**で合格 ・スタンプラリーで最大20%加点	3,500円
１級	60問以内	・高度な知識レベル ・公式テキスト、公式セミナーに準拠して出題	・記述式および択一式で**80%以上の正解**で合格	5,000円

申込書の入手方法

①ホームページよりダウンロード

9月10日より検定ホームページから申込書をダウンロードできます。

URL: http://www.ohmi.or.jp/kentei/

②滋賀県内の公共施設等にて入手

9月10日より滋賀県内の図書館、公民館、観光協会、主要書店など、協力施設にて配布します。

③郵送にて入手

80円切手を貼付し返信先の住所宛名を記載した返信用封筒を、「びわ湖検定申込書請求」と郵送封筒の表に朱書きして、びわ湖検定実行委員会事務局宛てにお送りいただければ、申込書を同封して返送します。

スタンプラリーの実施

滋賀の魅力を再発見してもらうため、知識を問うだけでなく、各地を訪れていただき、実際に見聞きしたり、体験するきっかけづくりとして、県内の博物館・美術館、寺社仏閣、観光施設等の協力を得て、スタンプラリーを実施します。（ただし、試験点数への加算は、２級・３級のみとなります。）

実施期間　9月10日㈮～10月19日㈫

セミナーの開催

実施時期　10月下旬～11月上旬（予定）

開催方法　公式テキストに準拠して、４テーマごとに１講座、計４講座開催

合格者向け特典

施設利用割引

美術館、博物館、寺社仏閣、観光施設、体験施設等の協力施設における合格者向けの利用割引等。

体験ツアー

合格者向けに、滋賀の伝統工芸の体験や芸能鑑賞等、「もっと湖国を楽しむ体験ツアー」の開催。

合格証と合格バッジ

２級・３級合格者に合格証カードを、１級合格者には合格証カードと合格バッジを進呈。

公式テキスト

２冊が書店で販売されています。

「びわ湖検定 公式問題解説集」
「続・びわ湖検定 公式問題解説集」
編集・発行：びわ湖検定実行委員会／発売：サンライズ出版
A5判・120ページ／定価：各1260円（本体1200円）

お問い合わせ先

びわ湖検定実行委員会　事務局　㈶淡海環境保全財団内

ＴＥＬ　077-524-7168　（9：00～17：00 土日祝盆休）
e-mail　kentei@ohmi.or.jp
ＵＲＬ　http://www.ohmi.or.jp/kentei/

第2回びわ湖検定の試験結果

平成21年(2009)11月29日実施

1．試験の結果

①合格率

級	受験者数	合格者数	合格率
1級	233人	15人	6.4%
2級	522人	177人	33.9%
3級	290人	185人	63.8%
合計	1,045人	377人	36.1%

申込者数	受験率
254人	91.7%
562人	93.0%
325人	89.5%
1,141人	91.7%

②得点状況の内訳

	試験最高得点	試験最低得点	試験平均得点	受験者数	試験得点が合格基準以上	総得点が合格基準以上
1級	91.33	0.00	49.61	233人	15人(6.4%)	15人(6.4%)
2級	91.00	26.00	57.20	522人	22人(4.2%)	177人(33.9%)
3級	96.25	26.25	64.84	290人	109人(37.6%)	185人(63.8%)

注1）得点はいずれも100点満点に換算
注2）100点満点換算後の基準は、1級80点、2級80点、3級70点
注3）2級、3級の総得点は試験点数とスタンプラリー点数の合計点

■年代別合格率

年代	1級 受験者数	1級 合格者数	1級 合格率	2級 受験者数	2級 合格者数	2級 合格率	3級 受験者数	3級 合格者数	3級 合格率
10歳未満	0			1	0	0.0%	0	0	
10歳代	1			9	1	11.1%	18	4	22.2%
20歳代	15			89	19	21.3%	70	27	38.6%
30歳代	25			89	19	21.3%	47	29	61.7%
40歳代	40			100	25	25.0%	64	45	70.3%
50歳代	46			97	44	45.4%	52	45	86.5%
60歳代	75			109	52	47.7%	33	30	90.9%
70歳以上	30			26	17	65.4%	6	5	83.3%
不明	1			2	0	0.0%	0	0	
合計	233	15	6.4%	522	177	33.9%	290	185	63.8%

※1級の年代別合格者数、合格率はデータを取得しておりません

2．スタンプラリーの結果

①参加者とスタンプラリー平均得点

級	申込者数	参加者数	申込者に対する割合	参加者平均点
2級	562人	517人	92.2%	17.0
3級	325人	229人	70.7%	14.2
合計	887人	746人	84.3%	16.2

②スタンプラリー得点分布（得点別人数）

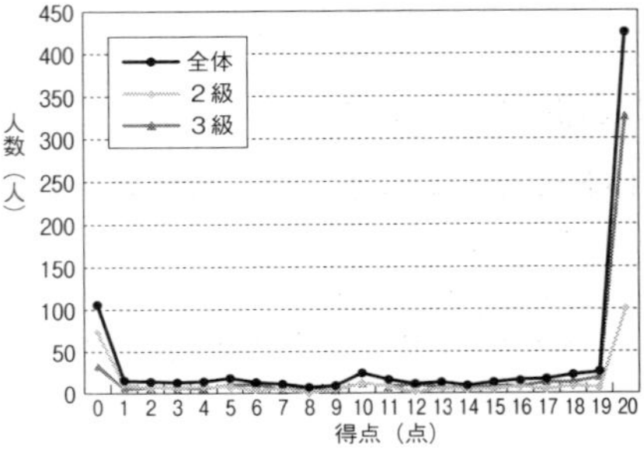

3　級

問題と解答　80問

1　以下《いか》の文《ぶん》の(　　)にあてはまる最《もっと》も適当《てきとう》なものを①～④の中《なか》から選《えら》べ。

びわ湖《こ》の湖岸線《こがんせん》の全長《ぜんちょう》は、約《やく》(　　　)kmである。

① 150　　② 200　　③ 235　　④ 275

2　以下《いか》の文《ぶん》の(　　)にあてはまる最《もっと》も適当《てきとう》なものを①～④の中《なか》から選《えら》べ。

びわ湖《こ》の最《もっと》も深《ふか》いところは、水深約《すいしんやく》(　　　)mである。

① 0　　② 70　　③ 100　　④ 130

☞ 解答と解説の参照先は、次ページ下にあります。

3 以下《いか》の文《ぶん》の（　　）にあてはまる最《もっと》も適当《てきとう》なものを①～④の中《なか》から選《えら》べ。

びわ湖《こ》は、滋賀県《しがけん》の面積《めんせき》の約《やく》（　　　）を占《し》める。

①　3分《ぶん》の1　　②　6分《ぶん》の1　　③　8分《ぶん》の1　　④　9分《ぶん》の1

---

4 以下《いか》の文《ぶん》の（　　）にあてはまる最《もっと》も適当《てきとう》なものを①～④の中《なか》から選《えら》べ。

滋賀県《しかけん》は戦後《せんご》から1950年代後半《ねんだいこうはん》まで労働力提供県《ろうどうりょくていきょうけん》として人口《じんこう》が他府県《たふけん》に流出《りゅうしゅつ》していたが、1960年《ねん》の84万《まん》3000人《にん》を底《そこ》として増加《ぞうか》に転《てん》じ、2008年《ねん》には（　　　）万人《まんにん》を超《こ》えた。

①　120　　②　130　　③　140　　④　150

---

5 以下《いか》の文《ぶん》の（　　）にあてはまる最《もっと》も適当《てきとう》なものを①～④の中《なか》から選《えら》べ。

びわ湖《こ》北《ほっ》湖《こ》で、冬季《とうき》に表層《ひょうそう》と深層《しんそう》の水《みず》が上下《じょうげ》に混合《こんごう》して湖底《こてい》の溶存酸素《ようぞんさんそ》を回復《かいふく》させる現象《げんしょう》は、「びわ湖《こ》の（　　　）」と呼《よ》ばれている。

①　回転《かいてん》　　②　栄養剤《えいようざい》　　③　深呼吸《しんこきゅう》　　④　体操《たいそう》

---

6 以下《いか》の文《ぶん》の答《こた》えとして最《もっと》も適当《てきとう》なものを①～④の中《なか》から選《えら》べ。

湖《みずうみ》の富栄養化《ふえいようか》によって藍藻類《らんそうるい》に属《ぞく》するミクロキスティスやアナベナが大量《たいりょう》に発生《はっせい》して、湖面《こめん》が色《いろ》のついたペンキを流《なが》したようにみえる現象《げんしょう》を何《なん》と呼《よ》ぶか。

①　アオコ　　②　リョクコ　　③　赤潮《あかしお》　　④　青潮《あおしお》

前ページの解答

1 ③

『びわ湖検定公式問題解説集』☞ P.67（解説部分）

2 ③

『びわ湖検定公式問題解説集』☞ P. 6

7 以下《いか》の文《ぶん》の答《こた》えとして最《もっと》も適当《てきとう》なものを①～④の中《なか》から選《えら》べ。

びわ湖《こ》を「近淡海《ちかつあわうみ》」と呼《よ》んだのに対《たい》し、「遠淡海《とおつあわうみ》」と呼《よ》ばれたのは、次《つぎ》のうちどれか。

① 浜名湖《はまなこ》　② 宍道湖《しんじこ》　③ 霞ヶ浦《かすみがうら》　④ 諏訪湖《すわこ》

8 以下《いか》の文《ぶん》の答《こた》えとして最《もっと》も適当《てきとう》なものを①～④の中《なか》から選《えら》べ。

滋賀県《しがけん》に直接《ちょくせつ》接《せっ》していない県《けん》は、次《つぎ》のうちどれか。

① 福井県《ふくいけん》　② 岐阜県《ぎふけん》　③ 三重県《みえけん》　④ 奈良県《ならけん》

9 以下《いか》の文《ぶん》の（　　）にあてはまる最《もっと》も適当《てきとう》なものを①～④の中《なか》から選《えら》べ。

滋賀《しが》の最高峰《さいこうほう》である伊吹山《いぶきやま》の標高《ひょうこう》は、約《やく》（　　）mである。

① 1214　② 1247　③ 1317　④ 1377

10 以下《いか》の文《ぶん》の答《こた》えとして最《もっと》も適当《てきとう》なものを①～④の中《なか》から選《えら》べ。

びわ湖《こ》から流出《りゅうしゅつ》している川《かわ》は次のうちどれか。

① 瀬田川《せたがわ》　② 野洲川《やすがわ》　③ 姉川《あねがわ》　④ 日野川《ひのがわ》

前ページの解答

3 ②

『びわ湖検定公式問題解説集』☞ P.17（問題部分）

4 ③

『続・びわ湖検定公式問題解説集』☞ P.98（解説部分）

5 ③

『びわ湖検定公式問題解説集』☞ P.22（問題部分）

6 ①

『びわ湖検定公式問題解説集』☞ P.26（問題部分）

11 以下《いか》の文《ぶん》の答《こた》えとして最《もっと》も適当《てきとう》なものを①～④の中《なか》から選《えら》べ。

1883年《ねん》（明治《めいじ》16年《ねん》）、滋賀県内《しがけんない》でビワマス稚魚《ちぎょ》の孵化放流事業《ふかほうりゅうじぎょう》が初《はじ》めて行《おこな》われたのは、何《なん》という川《かわ》か。

① 天野川《あまのがわ》　② 高時川《たかときがわ》　③ 知内川《ちないがわ》　④ 安曇川《あどがわ》

12 以下《いか》の文《ぶん》の答《こた》えとして最《もっと》も適当《てきとう》なものを①～④の中《なか》から選《えら》べ。

びわ湖岸《こがん》の代表的《だいひょうてき》な植物《しょくぶつ》である、ヨシの花序《かじょ》は、次《つぎ》のうちどれか。

①

②

③

④

13 以下《いか》の文《ぶん》の答《こた》えとして最《もっと》も適当《てきとう》なものを①～④の中《なか》から選《えら》べ。

沈水性《ちんすいせい》の多年草《たねんそう》で、細長《ほそなが》い葉《は》が螺旋状《らせんじょう》にねじれている、びわ湖《こ》固有種《こゆうしゅ》の水草《みずくさ》は、次《つぎ》のうちどれか。

① ネジレモ　② クロモ　③ コカナダモ　④ タヌキモ

14 以下《いか》の文《ぶん》の（　　）にあてはまる最《もっと》も適当《てきとう》なものを①～④の中《なか》から選《えら》べ。

びわ湖《こ》の固有種《こゆうしゅ》で、緑藻類《りょくそうるい》の一種《いっしゅ》である（　　）クンショウモは、現在《げんざい》は全国各《ぜんこくかく》地《ち》の湖《みずうみ》や沼《ぬま》からも発見《はっけん》されている。

① コメ　② ホシ　③ シガ　④ ビワ

前ページの解答

7 ①

『続・びわ湖検定公式問題解説集』☞ P. 7（問題部分）

8 ④

滋賀県が県境をもつ府県は、岐阜県・福井県・京都府・三重県の四つです。

9 ④

『びわ湖検定公式問題解説集』☞ P.17（問題部分）

10 ①

『びわ湖検定公式問題解説集』☞ P. 6

15 以下《いか》の文《ぶん》の(　　)にあてはまる最《もっと》も適当《てきとう》なものを①～④の中《なか》から選《えら》べ。

これまで報告《ほうこく》されているびわ湖《こ》の在来《ざいらい》の水生動植物《すいせいどうしょくぶつ》の種数《しゅすう》は、昆虫類《こんちゅうるい》が最《もっと》も多《おお》いが、その昆虫類《こんちゅうるい》の中《なか》でも(　　　)の仲間《なかま》が最《もっと》も多《おお》い。

① トンボ　② ユスリカ　③ チョウ　④ バッタ

16 以下《いか》の文《ぶん》の答《こた》えとして最《もっと》も適当《てきとう》なものを①～④の中《なか》から選《えら》べ。

滋賀県内《しがけんない》に広《ひろ》く分布《ぶんぷ》し、個体数《こたいすう》も多《おお》く、アキアカネと並《なら》ぶ最優占種《さいゆうせんしゅ》であるトンボは次《つぎ》のうちどれか。

① ノシメトンボ　② ベッコウトンボ
③ オオキトンボ　④ コバネアオイトトンボ

17 以下《いか》の文《ぶん》の答《こた》えとして最《もっと》も適当《てきとう》なものを①～④の中《なか》から選《えら》べ。

水草《みずくさ》を食《た》べる珍《めずら》しい魚《さかな》で、浅《あさ》い水深《すいしん》を好《この》むびわ湖《こ》の固有種《こゆうしゅ》は次《つぎ》のうちどれか。

① イサザ　② ビワマス　③ ワタカ　④ ハス

18 以下《いか》の文《ぶん》の答《こた》えとして最《もっと》も適当《てきとう》なものを①～④の中《なか》から選《えら》べ。

次《つぎ》の魚類《ぎょるい》のうち、びわ湖《こ》の外来種《がいらいしゅ》でないものはどれか。

① ブルーギル　② カムルチー
③ タイリクバラタナゴ　④ イタセンパラ

前ページの解答

11 ③
『続・びわ湖検定公式問題解説集』☞ P. 9（問題部分）

12 ②
『びわ湖検定公式問題解説集』☞ P.27（問題部分）

13 ①
『続・びわ湖検定公式問題解説集』☞ P.19（問題部分）

14 ④
『びわ湖検定公式問題解説集』☞ P.25（解説部分）

19 以下《いか》の文《ぶん》の答《こた》えとして最《もっと》も適当《てきとう》なものを①～④の中《なか》から選《えら》べ。

淡水真珠養殖《たんすいしんじゅようしょく》の母貝《ぼがい》として利用《りよう》されている琵琶湖淀川水系固有種《びわこよどがわすいけいこゆうしゅ》の二枚貝《にまいがい》は、次《つぎ》のうちどれか。

① イケチョウガイ　② メンカラスガイ
③ オグラヌマガイ　④ カワヒバリガイ

---

20 以下《いか》の文《ぶん》の答《こた》えとして最《もっと》も適当《てきとう》なものを①～④の中《なか》から選《えら》べ。

びわ湖《こ》に飛来《ひらい》する水鳥《みずとり》のうち、国《くに》の天然記念物《てんねんきねんぶつ》に指定《してい》され、滋賀県《しがけん》のレッドデータブック2005年度版《ねんどばん》で絶滅危機増大種《ぜつめつききぞうだいしゅ》となっているのは、次《つぎ》のうちどれか。

① コハクチョウ　② カイツブリ
③ オオヒシクイ　④ オオバン

---

21 以下《いか》の文《ぶん》の答《こた》えとして最《もっと》も適当《てきとう》なものを①～④の中《なか》から選《えら》べ。

東南《とうなん》アジアから4月中頃《がつなかごろ》に渡《わた》ってきて、びわ湖周辺《こしゅうへん》のヨシ原《はら》に営巣《えいそう》するウグイス科《か》の鳥《とり》は次《つぎ》のうちどれか。

① オオヨシキリ　② オオバン
③ カイツブリ　④ カワウ

---

22 以下《いか》の文《ぶん》の（　　）にあてはまる最《もっと》も適当《てきとう》なものを①～④の中《なか》から選《えら》べ。

滋賀県《しがけん》の地方気象台《ちほうきしょうだい》は（　　）市《し》にある。

① 彦根《ひこね》　② 草津《くさつ》　③ 大津《おおつ》　④ 米原《まいばら》

前ページの解答

15 ②
『びわ湖検定公式問題解説集』☞ P.24（解説部分）

16 ①
『びわ湖検定公式問題解説集』☞ P.34（解説部分）

17 ③
『びわ湖検定公式問題解説集』☞ P.29（解説部分）

18 ④
『びわ湖検定公式問題解説集』☞ P.33（問題部分）

23 以下《いか》の文《ぶん》の答《こた》えとして最《もっと》も適当《てきとう》なものを①〜④の中《なか》から選《えら》べ。

びわ湖《こ》に吹《ふ》く北西《ほくせい》の強《つよ》い局地風《きょくちふう》で、天台宗《てんだいしゅう》寺院《じいん》の法要《ほうよう》「法華八講《ほっけはっこう》」の時期《じき》に吹《ふ》き、これが吹《ふ》かないと「春《はる》がこない」と言《い》われているのは、次《つぎ》のうちどれか。

① 三井寺《みいでら》おろし　② 湖陸風《こりくふう》　③ 比良八荒《ひらはっこう》　④ ゲリラ風《かぜ》

24 以下《いか》の文《ぶん》の（　　）にあてはまる最《もっと》も適当《てきとう》なものを①〜④の中《なか》から選《えら》べ。

びわ湖《こ》が平成《へいせい》５年《ねん》に登録《とうろく》され、平成《へいせい》20年《ねん》には西《にし》の湖《こ》が拡大登録《かくだいとうろく》されたラムサール条約《じょうやく》とは、特《とく》に（　　）として国際的《こくさいてき》に重要《じゅうよう》な湿地《しっち》に関《かん》する条約《じょうやく》のことである。

① 魚《さかな》の産卵地《さんらんち》　② 水草《みずくさ》の群生地《ぐんせいち》
③ 水鳥《みずとり》の生息地《せいそくち》　④ 昆虫《こんちゅう》の生育地《せいいくち》

3級

25 以下《いか》の文《ぶん》の（　　）にあてはまる最《もっと》も適当《てきとう》なものを①〜④の中《なか》から選《えら》べ。

滋賀県《しがけん》は、「持続可能《じぞくかのう》な滋賀社会《しがしゃかい》ビジョン」において、2030年《ねん》の温室効果《おんしつこうか》ガス排出量《はいしゅつりょう》を1990年《ねん》と比《くら》べて（　　）％削減《さくげん》することを目指《めざ》している。

① 9　② 15　③ 25　④ 50

26 以下《いか》の文《ぶん》は、びわ湖《こ》の水質《すいしつ》などに関《かん》する記述《きじゅつ》である。正しいものを①〜④の中《なか》から選《えら》べ。

① びわ湖《こ》北湖《ほっこ》深層部《しんそうぶ》における溶存酸素濃度《ようぞんさんそのうど》は、減少傾向《げんしょうけいこう》にある。
② びわ湖《こ》北湖《ほっこ》は、全窒素《ぜんちっそ》の環境基準《かんきょうきじゅん》を満《み》たしている。
③ びわ湖《こ》に大気《たいき》から入《はい》ってくる全窒素《ぜんちっそ》の負荷《ふか》の源《みなもと》は、滋賀県《しがけん》が出《だ》しているものがほとんどである。
④ びわ湖《こ》南湖《なんこ》は、透明度《とうめいど》が高《たか》く、どこでも底《そこ》まで見《み》える。

前ページの解答

19 ①
『続・びわ湖検定公式問題解説集』☞ P.23（解説部分）

20 ③
『びわ湖検定公式問題解説集』☞ P.30（解説部分）

21 ①
『続・びわ湖検定公式問題解説集』☞ P.26（解説部分）

22 ①
『続・びわ湖検定公式問題解説集』☞ P.13（問題部分）

27 以下《いか》の文《ぶん》の答《こた》えとして最《もっと》も適当《てきとう》なものを①～④の中《なか》から選《えら》べ。

弥生時代《やよいじだい》の遺跡《いせき》の特徴《とくちょう》として、環濠集落《かんごうしゅうらく》と高地性集落《こうちせいしゅうらく》が挙《あ》げられるが、高島市《たかしまし》の饗庭野台地《あいばのだいち》にあった弥生時代《やよいじだい》の高地性集落《こうちせいしゅうらく》の遺跡《いせき》は、次《つぎ》のうちどれか。

① 下之郷遺跡《しものごういせき》　② 下五反田遺跡《しもごたんだいせき》
③ 高峯遺跡《たかみねいせき》　④ 熊野本遺跡《くまのもといせき》

28 以下《いか》の文《ぶん》の（　　）にあてはまる最《もっと》も適当《てきとう》なものを①～④の中《なか》から選《えら》べ。

県内最大《けんないさいだい》（全長約《ぜんちょうやく》134m）の前方後円墳《ぜんぽうこうえんふん》は、（　　）古墳《こふん》である。

① 瓢箪山《ひょうたんやま》　② 雪野山《ゆきのやま》　③ 天乞山《あまごいやま》　④ 久保田山《くぼたやま》

29 以下《いか》の文《ぶん》の（　　）にあてはまる最《もっと》も適当《てきとう》なものを①～④の中《なか》から選《えら》べ。

大津北郊古墳群《おおつほっこうこふんぐん》の古墳《こふん》の特徴的《とくちょうてき》な副葬品《ふくそうひん》は、ミニチュア（　　）であり、大陸《たいりく》（中国《ちゅうごく》・朝鮮半島《ちょうせんはんとう》）の慣習《かんしゅう》を受《う》け継《つ》いでいたとみられる。

① 装飾品《そうしょくひん》　② 衣服《いふく》　③ 炊飯具《すいはんぐ》　④ 住居《じゅうきょ》

30 以下《いか》の文《ぶん》の（　　）にあてはまる最《もっと》も適当《てきとう》なものを①～④の中《なか》から選《えら》べ。

近江大津宮《おうみおおつのみや》は、（　　）によって、わずか5年《ねん》で亡《ほろ》んだ。

① 白村江《はくそんこう》の戦《たたか》い　② 壬申《じんしん》の乱《らん》
③ 近江《おうみ》の乱《らん》　④ 恵美押勝《えみのおしかつ》の乱《らん》

前ページの解答

23 ③
『続・びわ湖検定公式問題解説集』☞ P.14（解説部分）

24 ③
『びわ湖検定公式問題解説集』☞ P.113（解説部分）

25 ④
参考：『滋賀の環境2009』☞ P. 7
温室効果ガス排出量50%削減を目指す「低炭素社会の実現」と、健全な生態系や安全・安心な水環境の確保と、人とびわ湖の関わりの再生を目指す「琵琶湖環境の再生」の二つを掲げています。

26 ①
参考：『滋賀の環境2009』☞ P.19
毎年、びわ湖では湖底（光が届かず、表層の湖水が供給されない湖底）で溶存酸素量（DO）が低下しますが、冬季に湖水の循環が起こると湖底に酸素が供給され、DO が回復します。

31 以下《いか》の文《ぶん》の（　　）にあてはまる最《もっと》も適当《てきとう》なものを①～④の中《なか》から選《えら》べ。

大津《おおつ》は、近江大津宮《おうみおおつのみや》が廃都《はいと》となると、一時《いちじ》（　　　）と呼《よ》ばれた時期《じき》があった。

① 小津《おづ》　② 古津《ふるつ》　③ 前津《まえつ》　④ 先津《さきつ》

32 以下《いか》の文《ぶん》の答《こた》えとして最《もっと》も適当《てきとう》なものを①～④の中《なか》から選《えら》べ。

死後《しご》、「淡海公《たんかいこう》」という名前《なまえ》を贈《おく》られたのは、次《つぎ》のうちだれか。

① 中臣鎌足《なかとみのかまたり》　② 藤原《ふじわらの》不比等《ふひと》

③ 藤原《ふじわらの》仲麻呂《なかまろ》　④ 藤原《ふじわらの》道長《みちなが》

3級

33 以下《いか》の文《ぶん》の（　　）にあてはまる最《もっと》も適当《てきとう》なものを①～④の中《なか》から選《えら》べ。

佐々木氏《ささきし》は、信綱《のぶつな》の息子《むすこ》である４兄弟《きょうだい》　重綱《しげつな》、高信《たかのぶ》、康綱《やすつな》、氏信《うじのぶ》を初代《しょだい》とする４家《け》に分《わ》かれたが、その４家《け》は大原家《おおはらけ》、高島家《たかしまけ》、六角家《ろっかくけ》と（　　　）である。

① 坂田家《さかたけ》　② 山元家《やまもとけ》　③ 田井中家《たいなかけ》　④ 京極家《きょうごくけ》

34 以下《いか》の文《ぶん》の答《こた》えとして最《もっと》も適当《てきとう》なものを①～④の中《なか》から選《えら》べ。

少年期《しょうねんき》を人質《ひとじち》として織田信長《おだのぶなが》のもとで暮《く》らし、才能《さいのう》を認《みと》められその娘《むすめ》をめとった近江《おうみ》の武将《ぶしょう》は、次《つぎ》のうちだれか。

① 藤堂高虎《とうどうたかとら》　② 蒲生氏郷《がもううじさと》　③ 脇坂安治《わきさかやすはる》　④ 大谷吉継《おおたによしつぐ》

前ページの解答

27 ④

『びわ湖検定公式問題解説集』 ☞ P.44（解説部分）

28 ①

『続・びわ湖検定公式問題解説集』 ☞ P.30（問題部分）

29 ③

『続・びわ湖検定公式問題解説集』 ☞ P.31（問題部分）

30 ②

『続・びわ湖検定公式問題解説集』 ☞ P.32（問題部分）

35 以下《いか》の文《ぶん》の答《こた》えとして最《もっと》も適当《てきとう》なものを①～④の中《なか》から選《えら》べ。

織田信長《おだのぶなが》が安土《あづち》に城《しろ》を築《きず》いた理由《りゆう》として、誤《あやま》っているのは次《つぎ》のうちどれか。

① びわ湖《こ》が近《ちか》く、水運《すいうん》の重要性《じゅうようせい》があった。
② 幹線道路《かんせんどうろ》の東山道《とうさんどう》が近《ちか》く、陸運《りくうん》の重要性《じゅうようせい》があった。
③ 平安楽土《へいあんらくど》に通《つう》じる地名《ちめい》だった。
④ 京都《きょうと》の東《ひがし》の玄関口《げんかんぐち》である近江《おうみ》を押《お》さえたかった。

---

36 以下《いか》の文《ぶん》の答《こた》えとして最《もっと》も適当《てきとう》なものを①～④の中《なか》から選《えら》べ。

びわ湖《こ》を眼下《がんか》に望《のぞ》む位置《いち》にあり、「三成《みつなり》に　過《す》ぎたるものが二《ふた》つ有《あ》り　島《しま》の左近《さこん》に　（　　　）」とうたわれた城《しろ》は、次《つぎ》のうちどれか。

① 長浜城《ながはまじょう》　② 佐和山城《さわやまじょう》　③ 彦根城《ひこねじょう》　④ 大津城《おおつじょう》

---

37 以下《いか》の文《ぶん》の答《こた》えとして最《もっと》も適当《てきとう》なものを①～④の中《なか》から選《えら》べ。

浮御堂《うきみどう》がある堅田《かたた》には、江戸中期《えどちゅうき》の作庭《さくてい》と伝《つた》えられ、対岸《たいがん》の三上山《みかみやま》を借景《しゃっけい》とした天然図画亭《てんねんずえてい》という茶室《ちゃしつ》を有《ゆう》する（　　　　）がある。

① 旧秀隣寺庭園《きゅうしゅうりんじていえん》　② 居初氏庭園《いそめしていえん》
③ 延暦寺里坊庭園《えんりゃくじさとぼうていえん》　④ 玄宮楽々園《げんきゅうらくらくえん》

---

38 以下《いか》の文《ぶん》の（　　）にあてはまる最《もっと》も適当《てきとう》なものを①～④の中《なか》から選《えら》べ。

中国《ちゅうごく》の瀟湘八景《しょうしょうはっけい》にちなんで選《えら》ばれた近江八景《おうみはっけい》が、江戸時代《えどじだい》に広《ひろ》く知《し》られるようになったのは、（　　　）作《さく》の浮世絵版画《うきよえはんが》によってである。

① 歌川《うたがわ》（安藤《あんどう》）広重《ひろしげ》　② 葛飾北斎《かつしかほくさい》
③ 喜多川歌麿《きたがわうたまろ》　④ 菱川師宣《ひしかわもろのぶ》

前ページの解答

31 ②
『びわ湖検定公式問題解説集』☞ P.62（問題部分）

32 ②
『続・びわ湖検定公式問題解説集』☞ P.33（問題部分）

33 ④
『続・びわ湖検定公式問題解説集』☞ P.35（問題部分）

34 ②
『続・びわ湖検定公式問題解説集』☞ P.39（問題部分）

39 以《い》下《か》の文《ぶん》の答《こた》えとして最《もっと》も適当《てきとう》なものを①～④の中《なか》から選《えら》べ。

石道寺《しゃくどうじ》や櫟野寺《らくやじ》などにあり、井上靖《いのうえやすし》の小説《しょうせつ》「星《ほし》と祭《まつり》」に多《おお》く登場《とうじょう》する仏像《ぶつぞう》は次《つぎ》のうちどれか。

① 愛染明王像《あいぜんみょうおうぞう》　② 弁財天像《べんざいてんぞう》
③ 阿弥陀如来像《あみだにょらいぞう》　④ 十一面観音像《じゅういちめんかんのんぞう》

40 以《い》下《か》の文《ぶん》の答《こた》えとして最《もっと》も適当《てきとう》なものを①～④の中《なか》から選《えら》べ。

余呉湖《よごこ》にまつわる有名《ゆうめい》な伝説《でんせつ》は、次《つぎ》のうちどれか。

① 羽衣伝説《はごろもでんせつ》　② 雪女伝説《ゆきおんなでんせつ》　③ 黄金伝説《おうごんでんせつ》　④ 人魚伝説《にんぎょでんせつ》

41 以《い》下《か》の文《ぶん》の答《こた》えとして最《もっと》も適当《てきとう》なものを①～④の中《なか》から選《えら》べ。

「湖東三山《ことうさんざん》」と呼《よ》ばれている寺院《じいん》に含《ふく》まれていないのは、次《つぎ》のうちどれか。

① 永源寺《えいげんじ》　② 百済寺《ひゃくさいじ》　③ 金剛輪寺《こんごうりんじ》　④ 西明寺《さいみょうじ》

42 以《い》下《か》の文《ぶん》の答《こた》えとして最《もっと》も適当《てきとう》なものを①～④の中《なか》から選《えら》べ。

井伊直弼《いいなおすけ》が17歳《さい》から32歳《さい》までの15年間《ねんかん》過《す》ごした場所《ばしょ》で、自身《じしん》を詠《よ》んだ句《く》にちなんで屋号《やごう》がつけられたとされる建造物《けんぞうぶつ》は、次《つぎ》のうちどれか。

① 埋木舎《うもれぎのや》　② 玄宮園《げんきゅうえん》　③ 龍潭寺《りょうたんじ》　④ 清凉寺《せいりょうじ》

前ページの解答

35 ③
『びわ湖検定公式問題解説集』☞ P.62（解説部分）
安土という地名は、天正４年（1576）に織田信長によって目賀田《めかた》から改名されたものです。

36 ②
『びわ湖検定公式問題解説集』☞ P.50（解説部分）

37 ②
『びわ湖検定公式問題解説集』☞ P.37（問題部分）

38 ①
『びわ湖検定公式問題解説集』☞ P.36（解説部分）

43 以下《いか》の文《ぶん》の(　　)にあてはまる最《もっと》も適当《てきとう》なものを①～④の中《なか》から選《えら》べ。

近江《おうみ》の民話《みんわ》では、昔《むかし》、夷服岳《いぶきだけ》(伊吹山《いぶきやま》)と浅井岳《あざいだけ》(金糞岳《かなくそだけ》)が高《たか》さ比《くら》べをしたら、浅井岳《あざいだけ》が少《すこ》し高《たか》かったため、負《ま》けた夷服岳《いぶきだけ》の神《かみ》が怒《おこ》って浅井岳《あざいだけ》の首《くび》を切《き》り、その首《くび》がびわ湖《こ》に落《お》ちて(　　　　)になったと言《い》われている。

① 多景島《たけしま》　② 竹生島《ちくぶしま》　③ 沖島《おきしま》　④ 沖《おき》の白石《しらいし》

44 以下《いか》の文《ぶん》の(　　)にあてはまる最《もっと》も適当《てきとう》なものを①～④の中《なか》から選《えら》べ。

鈴鹿峠《すずかとうげ》につながる坂《さか》にいた大《おお》きな(　　　　)を、比叡山《ひえいざん》の恵心僧都《えしんそうず》が経文《きょうぶん》を唱《とな》えて、退治《たいじ》したという民話《みんわ》が残《のこ》っている。

① 化《ば》け蟹《がに》　② 化《ば》け猫《ねこ》　③ 鬼《おに》　④ 蛇《へび》

45 以下《いか》の文《ぶん》の(　　)にあてはまる最《もっと》も適当《てきとう》なものを①～④の中《なか》から選《えら》べ。

大津市《おおつし》の日吉大社《ひよしたいしゃ》では、(　　　)を神《かみ》の使《つか》いとして崇《あが》めている。

① キツネ　② シカ　③ ウシ　④ サル

46 以下《いか》の文《ぶん》の答《こた》えとして最《もっと》も適当《てきとう》なものを①～④の中《なか》から選《えら》べ。

豊臣秀次《とよとみひでつぐ》によって城下町《じょうかまち》として建設《けんせつ》され、後《のち》に商人《しょうにん》の在郷町《ざいごうまち》として発展《はってん》し、重《じゅう》要伝統的建造物群保存地区《ようでんとうてきけんぞうぶつぐんほぞんちく》となっているのは、次《つぎ》のうちどれか。

① 近江八幡市八幡《おうみはちまんしはちまん》　② 大津市坂本《おおつしさかもと》
③ 東近江市五個荘金堂《ひがしおうみしごかしょうこんどう》　④ 彦根市本町《ひこねしほんまち》

前ページの解答

39 ④
『びわ湖検定公式問題解説集』☞ P.40（解説部分）

40 ①
『びわ湖検定公式問題解説集』☞ P.41（解説部分）

41 ①
『びわ湖検定公式問題解説集』☞ P.53（問題部分）

42 ①
『びわ湖検定公式問題解説集』☞ P.76（解説部分）

47 以下《いか》の文《ぶん》の答《こた》えとして最《もっと》も適当《てきとう》なものを①～④の中《なか》から選《えら》べ。

関蝉丸神社裏手《せきせみまるじんじゃうらて》にある歌碑《かひ》「花のいろハ　うつりにけりな　いたづらに　わが身世《みよ》にふる　ながめせしまに」の作者《さくしゃ》は、次《つぎ》のうちだれか。

① 小野小町《おののこまち》　② 柿本人麻呂《かきのもとのひとまろ》　③ 蝉丸《せみまる》　④ 後白河法皇《ごしらかわほうおう》

48 以下《いか》の文《ぶん》の答《こた》えとして最《もっと》も適当《てきとう》なものを①～④の中《なか》から選《えら》べ。

女性画家《じょせいがか》として二人目《ふたりめ》の文化勲章《ぶんかくんしょう》を受章《じゅしょう》した滋賀県出身《しがけんしゅっしん》の画家《がか》は次《つぎ》のうちだれか。

① 上村松園《うえむらしょうえん》　② 小倉遊亀《おぐらゆき》　③ 三橋節子《みつはしせつこ》　④ 白州正子《しらすまさこ》

3級

49 以下《いか》の文《ぶん》の答《こた》えとして最《もっと》も適当《てきとう》なものを①～④の中《なか》から選《えら》べ。

湖国三大祭《ここくさんだいまつり》でないものは次《つぎ》のうちどれか。

① 長浜曳山《ながはまひきやま》まつり　② 多賀大社万灯祭《たがたいしゃまんとうさい》
③ 日吉山王祭《ひよしさんのうさい》　④ 大津祭《おおつまつり》

50 以下《いか》の文《ぶん》の（　　）にあてはまる最《もっと》も適当《てきとう》なものを①～④の中《なか》から選《えら》べ。

滋賀県内《しがけんない》で「日本《にほん》のさくら名所《めいしょ》100選《せん》」に選《えら》ばれているのは、（　　　）と豊公《ほうこう》園《えん》の２ヶ《か》所である

① 石山寺《いしやまでら》　② 海津大崎《かいづおおさき》
③ びわ湖《こ》バレイ　④ 膳所城跡公園《ぜぜじょうあとこうえん》

前ページの解答

43 ②
『続・びわ湖検定公式問題解説集』☞ P.47（解説部分）

44 ①
『続・びわ湖検定公式問題解説集』☞ P.48（解説部分）

45 ④
『続・びわ湖検定公式問題解説集』☞ P.57（問題部分）

46 ①
『続・びわ湖検定公式問題解説集』☞ P.58（問題部分）

51 以下《いか》の文《ぶん》の答《こた》えとして最《もっと》も適当《てきとう》なものを①～④の中《なか》から選《えら》べ。

古《ふる》くはびわ湖《こ》の「大江《おおえ》」に対《たい》して「伊香《いか》の小江《おえ》」と呼《よ》ばれたのは、次《つぎ》のうちどれか。

①　西《にし》の湖《こ》　②　八幡堀《はちまんぼり》　③　余呉湖《よごこ》　④　大中《だいなか》の湖《こ》

52 以下《いか》の文《ぶん》の答《こた》えとして最《もっと》も適当《てきとう》なものを①～④の中《なか》から選《えら》べ。

別名《べつめい》「鶴翼山《かくよくさん》」とも呼《よ》ばれ、山頂《さんちょう》には豊臣秀次《とよとみひでつぐ》の居城跡《きょじょうあと》と、彼《かれ》の菩提《ぼだい》を弔《とむら》うため母《はは》が建立《こんりゅう》し、京都《きょうと》から移築《いちく》された瑞龍寺《ずいりゅうじ》がある山《やま》は、次《つぎ》のうちどれか。

①　小谷山《おだにやま》　②　八幡山《はちまんやま》　③　繖山《きぬがさやま》　④　蓬莱山《ほうらいさん》

53 以下《いか》の文《ぶん》の答《こた》えとして最《もっと》も適当《てきとう》なものを①～④の中《なか》から選《えら》べ。

全国的《ぜんこくてき》にも珍《めずら》しい群生地《ぐんせいち》があり、滋賀県《しがけん》の県花《けんか》にもなっている植物《しょくぶつ》は、次《つぎ》のうちどれか。

①　ハマヒルガオ　②　ハス
③　シャクナゲ　④　イブキトラノオ

54 以下《いか》の文《ぶん》の（　　）にあてはまる最《もっと》も適当《てきとう》なものを①～④の中《なか》から選《えら》べ。

東近江市《ひがしおうみし》では、愛知川河川敷《えちがわかせんじき》で巨大《きょだい》な（　　）畳敷大凧《じょうじきおおだこ》を揚《あ》げる「八日市大凧《ようかいちおおだこ》まつり」が行《おこな》われている。

①　10　②　50　③　100　④　500

前ページの解答

47 ①
『続・びわ湖検定公式問題解説集』☞ P.59（解説部分）

48 ②
『続・びわ湖検定公式問題解説集』☞ P.67（解説部分）

49 ②
『びわ湖検定公式問題解説集』☞ P.57 ～ 59（問題部分）

50 ②
『びわ湖検定公式問題解説集』☞ P.65（解説部分）

55 以下《いか》の文《ぶん》の（　　）にあてはまる最《もっと》も適当《てきとう》なものを①〜④の中《なか》から選《えら》べ。

大津港《おおつこう》を中心《ちゅうしん》に行《おこな》われる「びわ湖開《こびら》き」は、びわ湖《こ》に（　　　）の幕開《まくあ》けを告《つ》げ、湖上安全《こじょうあんぜん》を祈念《きねん》する恒例行事《こうれいぎょうじ》である。

① 祭《まつり》　② 新年《しんねん》　③ 春《はる》　④ 夏《なつ》

56 以下《いか》の文《ぶん》の答《こた》えとして最《もっと》も適当《てきとう》なものを①〜④の中《なか》から選《えら》べ。

「滋賀《しが》の食文化財《しょくぶんかざい》」５点《てん》のうち、日野菜漬《ひのなづ》けの「日野菜《ひのな》」と呼《よ》ばれる野菜《やさい》は、次《つぎ》のうちどれか。

① 大根《だいこん》　② カブ　③ 白菜《はくさい》　④ ほうれん草《そう》

3 級

57 以下《いか》の文《ぶん》の（　　）にあてはまる最《もっと》も適当《てきとう》なものを①〜④の中《なか》から選《えら》べ。

滋賀《しが》の特産《とくさん》であるフナずしは、びわ湖《こ》で獲《と》れたフナを塩漬《しおづ》けにし、（　　　）とともに発酵《はっこう》させた料理《りょうり》である。

① 麦《むぎ》　② 米《こめ》　③ 味噌《みそ》　④ 酒《さけ》

58 以下《いか》の文《ぶん》の（　　）にあてはまる最《もっと》も適当《てきとう》なものを①〜④の中《なか》から選《えら》べ。

江戸時代《えどじだい》、彦根藩《ひこねはん》では、牛肉《ぎゅうにく》の（　　　）が「養老《ようろう》の秘薬《ひやく》」として珍重《ちんちょう》され、幕府《ばくふ》に献上《けんじょう》していたが、13代藩主直弼《だいはんしゅなおすけ》の時《とき》にこの献上《けんじょう》は中止《ちゅうし》された。

① しぐれ煮《に》　② 煮込《にこ》み　③ 味噌漬《みそづ》け　④ たたき

前ページの解答

51 ③
『びわ湖検定公式問題解説集』☞ P.68（解説部分）

52 ②
『びわ湖検定公式問題解説集』☞ P.69（解説部分）

53 ③
『びわ湖検定公式問題解説集』☞ P.73（問題部分）

54 ③
『びわ湖検定公式問題解説集』☞ P.77（解説部分）

59 以下《いか》の文《ぶん》の（　　）にあてはまる最《もっと》も適当《てきとう》なものを①～④の中《なか》から選《えら》べ。

現在《げんざい》、茶《ちゃ》の生産量《せいさんりょう》、栽培面積《さいばいめんせき》ともに県内一《けんないいち》を誇《ほこ》るのは、（　　）茶《ちゃ》である。

① 土山《つちやま》　② 朝宮《あさみや》　③ 大津《おおつ》　④ 政所《まんどころ》

60 以下《いか》の文《ぶん》の答《こた》えとして最《もっと》も適当《てきとう》なものを①～④の中《なか》から選《えら》べ。

大津市《おおつし》の伝統工芸品《でんとうこうげいひん》であるものは、次《つぎ》のうちどれか。

① 浜《はま》ちりめん　② 和《わ》ろうそく　③ 硯《すずり》　④ 組紐《くみひも》

61 以下《いか》の文《ぶん》の答《こた》えとして最《もっと》も適当《てきとう》なものを①～④の中《なか》から選《えら》べ。

江戸時代《えどじだい》、余呉川《よごがわ》の水《みず》を逃《のが》すために掘《ほ》られた放水路《ほうすいろ》で、全長約《ぜんちょうやく》220mのトンネルは、次《つぎ》のうちどれか。

① 西野水道《にしのすいどう》　② 片山水道《かたやますいどう》
③ 賤ヶ岳水道《しずがだけすいどう》　④ 余呉湖水道《よごこすいどう》

62 以下《いか》の文《ぶん》の答《こた》えとして最《もっと》も適当《てきとう》なものを①～④の中《なか》から選《えら》べ。

環境省選定《かんきょうしょうせんてい》の「名水百選《めいすいひゃくせん》」であり、この水《みず》を飲《の》んだら母乳《ぼにゅう》が出《で》るようになったという昔話《むかしばなし》が伝《つた》わる湖東三名水《ことうさんめいすい》は、次《つぎ》のうちどれか。

① 十王村《じゅうおうむら》の水《みず》　② 比良《ひら》の水《みず》
③ 針江《はりえ》の生水《しょうず》　④ 居醒《いさめ》の清水《しみず》

前ページの解答

55 ③
『びわ湖検定公式問題解説集』☞ P.78（解説部分）

56 ②
『びわ湖検定公式問題解説集』☞ P.79（解説部分）

57 ②
『びわ湖検定公式問題解説集』☞ P.80（解説部分）

58 ③
『びわ湖検定公式問題解説集』☞ P.82（問題部分）

63 以下《いか》の文《ぶん》の答《こた》えとして最《もっと》も適当《てきとう》なものを①～④の中《なか》から選《えら》べ。

高島市《たかしまし》にあり、滋賀県《しがけん》から唯一《ゆいいつ》「日本《にほん》の滝百選《たきひゃくせん》」に選《えら》ばれた滝《たき》は、次《つぎ》のうちどれか。

①　九品《くぼん》の滝《たき》　②　鶏鳴《けいめい》の滝《たき》　③　八ツ淵《やつぶち》の滝《たき》　④　楊梅《ようばい》の滝《たき》

---

64 以下《いか》の文《ぶん》の答《こた》えとして最《もっと》も適当《てきとう》なものを①～④の中《なか》から選《えら》べ。

境内《けいだい》には、約《やく》80種《しゅ》1000株《かぶ》の牡丹《ぼたん》が植《う》えられ、「牡丹《ぼたん》の寺《てら》」として名高《なだか》いのは次《つぎ》のうちどれか。

①　総持寺《そうじじ》　②　神照寺《じんしょうじ》　③　舎那院《しゃないん》　④　正法寺《しょうぼうじ》

---

65 以下《いか》の文《ぶん》の答《こた》えとして最《もっと》も適当《てきとう》なものを①～④の中《なか》から選《えら》べ。

彦根城《ひこねじょう》の表門橋《おもてもんばし》に向かう中濠《なかぼり》の道沿《みちぞ》いにある、土佐《とさ》(高知県《こうちけん》)から移植《いしょく》された松《まつ》並木《なみき》は(　　　)松《まつ》と呼《よ》ばれる。

①　美《うつく》し　②　あおい　③　ひこね　④　いろは

---

66 以下《いか》の文《ぶん》の(　　　)にあてはまる最《もっと》も適当《てきとう》なものを①～④の中《なか》から選《えら》べ。

記録《きろく》に残《のこ》るびわ湖《こ》の過去最大《かこさいだい》の洪水《こうずい》は、1896年《ねん》9月《がつ》の大洪水《だいこうずい》であり、この時《とき》びわ湖《こ》の水位《すいい》は、(　　　)mを記録《きろく》した。

①　+2.76　②　+2.96　③　+3.76　④　+3.96

前ページの解答

59 ①
『びわ湖検定公式問題解説集』☞ P.83（解説部分）

60 ④
『びわ湖検定公式問題解説集』☞ P.84（解説部分）

61 ①
『続・びわ湖検定公式問題解説集』☞ P.74（問題部分）

62 ①
『続・びわ湖検定公式問題解説集』☞ P.76（解説部分）

67 以下《いか》の文《ぶん》の（　　）にあてはまる最《もっと》も適当《てきとう》なものを①～④の中《なか》から選《えら》べ。

江戸時代《えどじだい》に善光寺《ぜんこうじ》参《まい》りをした村人《むらびと》が静岡付近《しずおかふきん》で苗木《なえぎ》を手《て》に入《い》れて植《う》えたのが始《はじ》まりと伝《つた》わる西浅井町《にしあざいちょう》で栽培《さいばい》されているミカンは「（　　）みかん」である。

① 大浦《おおうら》　② 菅浦《すがうら》　③ 塩津《しおつ》　④ 沓掛《くつかけ》

---

68 以下《いか》の文《ぶん》の（　　）にあてはまる最《もっと》も適当《てきとう》なものを①～④の中《なか》から選《えら》べ。

多賀大社《たがたいしゃ》の社頭《しゃとう》で売《う》られている名物《めいぶつ》「糸切餅《いときりもち》」は、刃物《はもの》の代《か》わりに（　　）で切《き》ることからこの名前《なまえ》がある

① 凧糸《たこいと》　② 三味線糸《しゃみせんいと》　③ 釣《つ》り糸《いと》　④ 麻糸《あさいと》

---

69 以下《いか》の文《ぶん》の（　　）にあてはまる最《もっと》も適当《てきとう》なものを①～④の中《なか》から選《えら》べ。

大津《おおつ》では、大正《たいしょう》から昭和初期《しょうわしょき》にかけて木材《もくざい》パルプを原料《げんりょう》とする（　　）工業《こうぎょう》が発展《はってん》した。1937年《ねん》に日本《にほん》が世界一《せかいいち》の生産高《せいさんだか》を記録《きろく》した頃《ころ》には、滋賀《しが》の工場《こうじょう》で国《こく》内生産《ないせいさん》の２分《ぶん》の１を生産《せいさん》していた。

① レーヨン　② セロハン　③ 製紙《せいし》　④ アクリル

---

70 以下《いか》の文《ぶん》の（　　）にあてはまる最《もっと》も適当《てきとう》なものを①～④の中《なか》から選《えら》べ。

千《せんの》 利休《りきゅう》の茶釜《ちゃがま》を作《つく》った鋳物師《いものし》が出《で》た栗東市《りっとうし》辻《つじ》の井口天神社《いぐちてんじんじゃ》にある鳥居《とりい》は（　　）でできている。

① 鉄《てつ》　② 金《きん》　③ 銀《ぎん》　④ 銅《どう》

前ページの解答

63 ③

『続・びわ湖検定公式問題解説集』☞ P.77（解説部分）

64 ①

『続・びわ湖検定公式問題解説集』☞ P.79（解説部分）

65 ④

『続・びわ湖検定公式問題解説集』☞ P.80（解説部分）

66 ③

『びわ湖検定公式問題解説集』☞ P.95（問題部分）

71 以下《いか》の文《ぶん》の（　　）にあてはまる最《もっと》も適当《てきとう》なものを①～④の中《なか》から選《えら》べ。

「急《いそ》がば回《まわ》れ」のことわざは、室町時代《むろまちじだい》、滋賀県《しがけん》の（　　）を詠《よ》んだ歌《うた》から生《う》まれたと言《い》われている。

① 瀬田《せた》の唐橋《からはし》　② 三井《みい》の晩鐘《ばんしょう》
③ 堅田《かたた》の浮御堂《うきみどう》　④ 矢橋《やばせ》の帰帆《きはん》

72 以下《いか》の文《ぶん》の（　　）にあてはまる最《もっと》も適当《てきとう》なものを①～④の中《なか》から選《えら》べ。

滋賀県《しがけん》で上水道《じょうすいどう》が本格的《ほんかくてき》に普及《ふきゅう》しはじめたのは、大津市《おおつし》の市街地《しがいち》を除《のぞ》けば、昭和《しょうわ》（　　）年代《ねんだい》である。

① 10　② 20　③ 30　④ 40

73 以下《いか》の文《ぶん》は、びわ湖《こ》の水質《すいしつ》の鉛直分布《えんちょくぶんぷ》に関《かん》する記述《きじゅつ》である。二つの（　　）にあてはまる最《もっと》も適当《てきとう》な組《く》み合《あ》わせを①～④の中《なか》から選《えら》べ。

水温成層《すいおんせいそう》が形成《けいせい》されている間《あいだ》、下層《かそう》では溶存酸素《ようぞんさんそ》の（　ア　）がみられ、硝酸性《しょうさんせい》窒素《ちっそ》が（　イ　）する。

① ア：増加《ぞうか》　イ：放出《ほうしゅつ》　② ア：増加《ぞうか》　イ：蓄積《ちくせき》
③ ア：減少《げんしょう》　イ：放出《ほうしゅつ》　④ ア：減少《げんしょう》　イ：蓄積《ちくせき》

74 以下《いか》の文《ぶん》の（　　）にあてはまる最《もっと》も適当《てきとう》なものを①～④の中《なか》から選《えら》べ。

平成《へいせい》15年度《ねんど》の滋賀県水政課《しがけんすいせいか》の調《しら》べによると、びわ湖《こ》の水《みず》を水道水《すいどうすい》として利用《りよう》している人口《じんこう》は約《やく》（　　）万人《まんにん》である。

① 800　② 1400　③ 2000　④ 2500

前ページの解答

67 ②
『続・びわ湖検定公式問題解説集』 ☞ P.87（問題部分）

68 ②
『続・びわ湖検定公式問題解説集』 ☞ P.88（問題部分）

69 ①
『続・びわ湖検定公式問題解説集』 ☞ P.91（解説部分）

70 ④
『続・びわ湖検定公式問題解説集』 ☞ P.95（問題部分）

75 以下《いか》の文《ぶん》の（　　）にあてはまる最《もっと》も適当《てきとう》なものを①～④の中《なか》から選《えら》べ。

琵琶湖総合開発《びわこそうごうかいはつ》の事業計画《じぎょうけいかく》は、保全対策《ほぜんたいさく》、治水対策《ちすいたいさく》、（　　）対策《たいさく》の３本柱《ぼんばしら》であった。

① 環境《かんきょう》　② 利水《りすい》　③ 水源《すいげん》　④ 外来魚《がいらいぎょ》

---

76 以下《いか》の文《ぶん》の（　　）にあてはまる最《もっと》も適当《てきとう》なものを①～④の中《なか》から選《えら》べ。

1977年《ねん》のびわ湖《こ》での淡水赤潮《たんすいあかしお》の大発生《だいはっせい》を契機《けいき》に、いわゆる石《せっ》けん運動《うんどう》が全県的《ぜんけんてき》に展開《てんかい》され、赤潮発生《あかしおはっせい》の原因《げんいん》の一つである（　　）を含《ふく》む家庭用合成洗剤《かていようごうせいせんざい》の販売《はんばい》、使用《しよう》、贈答《ぞうとう》が滋賀県内《しがけんない》で禁止《きんし》された。

① リン　② マグネシウム
③ カルシウム　④ カリウム

---

77 以下《いか》の文《ぶん》の答《こた》えとして最《もっと》も適当《てきとう》なものを①～④の中《なか》から選《えら》べ。

「琵琶湖《びわこ》ルール」（滋賀県琵琶湖《しがけんびわこ》のレジャー利用《りよう》の適正化《てきせいか》に関《かん》する条例《じょうれい》）で規制《きせい》の対象《たいしょう》になっていないものは、次《つぎ》のうちどれか。

① プレジャーボートの航行範囲《こうこうはんい》　② プレジャーボートのエンジンの種類《しゅるい》
③ 釣《つ》る魚《さかな》の種類《しゅるい》　④ 釣《つ》った外来魚《がいらいぎょ》の取《と》り扱《あつか》い

前ページの解答

71 ①

東海道を京都へ向かう際の近道として、矢橋《やばせ》の港から船で大津へ渡るルートがありましたが、沈没などの危険をともなったため、室町時代の連歌師宗長《れんがしそうちょう》が詠んだ「武士《もののふ》のやばせの舟は早くとも急がば廻れ瀬田の長橋《ながはし》」という歌から、このことわざが生まれたとされています。

72 ③

『びわ湖検定公式問題解説集』☞ P.94（問題部分）

73 ④

『びわ湖検定公式問題解説集』☞ P.98（問題部分）

74 ②

『びわ湖検定公式問題解説集』☞ P.100（問題部分）

78 以下《いか》の文《ぶん》の（　　）にあてはまる最《もっと》も適当《てきとう》なものを①～④の中《なか》から選《えら》べ。

滋賀県県営《しがけんけんえい》の醒井養鱒場《さめがいようそんじょう》は、当初《とうしょ》、（　　　）の人工孵化《じんこうふか》や養殖《ようしょく》・放流《ほうりゅう》を目的《もくてき》として明治《めいじ》11年《ねん》につくられた。

① ビワマス　② ホンモロコ　③ ニジマス　④ アユ

79 以下《いか》の文《ぶん》の答《こた》えとして最《もっと》も適当《てきとう》なものを①～④の中《なか》から選《えら》べ。

滋賀県《しがけん》と姉妹都市《しまいとし》あるいは友好都市《ゆうこうとし》の関係《かんけい》にある州《しゅう》・省《しょう》の名前《なまえ》と、そこにある代表的《だいひょうてき》な湖《みずうみ》の組《く》み合《あ》わせのうち、誤《あやま》っているものは次《つぎ》のうちどれか。

① バイエルン州《しゅう》：レマン湖《こ》
② リオ・グランデ・ド・スール州《しゅう》：パトス湖《こ》
③ ミシガン州《しゅう》：エリー湖《こ》
④ 湖南省《こなんしょう》：洞庭湖《どうていこ》

80 以下《いか》の文《ぶん》の（　　）にあてはまる最《もっと》も適当《てきとう》なものを①～④の中《なか》から選《えら》べ。

県内《けんない》における平成《へいせい》20年《ねん》12月末《がつまつ》の外国人登録者数《がいこくじんとうろくしゃすう》は約《やく》（　　　）万人《まんにん》である。

① 1　② 2　③ 3　④ 5

前ページの解答

75 ②
『びわ湖検定公式問題解説集』☞ P.102（問題部分）

76 ①
『びわ湖検定公式問題解説集』☞ P.108（問題部分）

77 ③
『びわ湖検定公式問題解説集』☞ P.114（問題部分）

前ページの解答

78 ①

『続・びわ湖検定公式問題解説集』☞ P.105（問題部分）

79 ①

『続・びわ湖検定公式問題解説集』☞ P.108（問題部分）

80 ③

国別ではブラジルからが最も多く、１万人を超えています。

2　級

問題と解答　100問

---

1 以下の文の（　　）にあてはまる最も適当なものを①～④の中から選べ。

びわ湖の湖岸線の全長は、約（　　）kmである。

①　150　　②　200　　③　235　　④　275

---

2 以下の文の二つの（　）にあてはまる最も適当な組み合わせを①～④の中から選べ。

びわ湖は、琵琶湖大橋のところで北湖と南湖に分けられるが、北湖は、南湖と比べて面積が約（ア）、貯水量が約（イ）である。

①　ア：7 倍　イ：55倍　　②　ア：7 倍　イ：135倍
③　ア：11倍　イ：55倍　　④　ア：11倍　イ：135倍

☞ 解答は次ページ下にあります。

3 以下の文の答えとして最も適当なものを①～④の中から選べ。

びわ湖と形成要因が同じだとされている湖は、次のうちどれか。

① サロマ湖　② 中禅寺湖　③ 諏訪湖　④ 浜名湖

4 以下の文の（　　）にあてはまる最も適当なものを①～④の中から選べ。

近年、びわ湖南湖で水草が繁茂しているが、2007年の水草の群落面積は、南湖全体の面積の約（　　）％を占めた。

① 35　② 50　③ 65　④ 80

5 以下の文の答えとして最も適当なものを①～④の中から選べ。

びわ湖岸の代表的な植物である、ヨシの花序は、次のうちどれか。

①

②

③

④

6 以下の文の（　　）にあてはまる最も適当なものを①～④の中から選べ。

びわ湖周辺に分布している内湖は、戦前（1940年）には約29㎢あったが、現在では約（　　）㎢にまで減少した。

① 20　② 15　③ 8　④ 4

前ページの解答

1 ③

『びわ湖検定公式問題解説集』☞ P.67（解説部分）

2 ④

参考：『滋賀の環境2009』☞ P. 3

びわ湖の面積は670.25㎢（北湖：南湖＝617.75㎢：52.50㎢＝11：1）、貯水量は275億㎥（北湖273億㎥、南湖２億㎥）

7 以下の文の二つの（　）にあてはまる最も適当なものを①～④の中から選べ。

びわ湖の固有種のなかで、最も種の数が多いのは（　ア　）で、２番目が（　イ　）である。

①　ア：貝類　イ：昆虫類　　②　ア：貝類　イ：魚類
③　ア：魚類　イ：昆虫類　　④　ア：魚類　イ：貝類

---

8 以下の文の（　　）にあてはまる最も適当なものを①～④の中から選べ。

全国で伊吹山山頂にだけ分布し、７～８月、花穂に青紫色の花が密につく多年草は、（　　）である。

①　キンバイソウ　　②　イブキフウロ
③　ルリトラノオ　　④　イブキカモジグザ

---

9 以下の文の答えとして最も適当なものを①～④の中から選べ。

沈水性の水草で、びわ湖水系の固有種であるものは、次のうちどれか。

①　クロモ　　②　コカナダモ　　③　タヌキモ　　④　ネジレモ

---

10 以下の文の答えとして最も適当なものを①～④の中から選べ。

中央が膨らんだ細長いラッパ形の殻をもつ、びわ湖固有種のアメーバ状生物は、次のうちどれか。

①　ビワクンショウモ　　②　ホシガタケイソウ
③　コメツブケイソウ　　④　ビワツボカムリ

前ページの解答

3 ③
『続・びわ湖検定公式問題解説集』☞ P. 7（解説部分）

4 ④
1994年９月の大渇水（水位－123㎝を記録）が、沈水植物が増加に転じた原因として考えられます。

5 ②
『びわ湖検定公式問題解説集』☞ P.27（問題部分）

6 ④
『びわ湖検定公式問題解説集』☞ P. 7

11 以下の文の答えとして最も適当なものを①～④の中から選べ。

日中は深湖底にいるが、夜間にはエサを求めて表層近くまで浮上する、びわ湖固有種の魚は、次のうちどれか。

① イサザ　② ギギ　③ ビワマス　④ イワトコナマズ

12 以下の文の答えとして最も適当なものを①～④の中から選べ。

次の魚類のうち、びわ湖の外来種でないものはどれか。

① カムルチー　② ワカサギ
③ タイリクバラタナゴ　④ イタセンパラ

13 以下の文の答えとして最も適当なものを①～④の中から選べ。

滋賀県内では、鈴鹿山系をとりまく平野部の湧水のある小川などにだけすみ、水草の切れはしなどを固めてかまくらのような巣をつくる魚は、次のうちどれか。

① カネヒラ　② ハス　③ ギギ　④ ハリヨ

14 以下の文の答えとして最も適当なものを①～④の中から選べ。

東南アジアから４月中頃に渡ってきて、びわ湖周辺のヨシ原に営巣するウグイス科の鳥は次のうちどれか。

① オオヨシキリ　② オオバン
③ カイツブリ　④ カワウ

前ページの解答

7 ②
『びわ湖検定公式問題解説集』☞ P.24（解説部分）

8 ③
『続・びわ湖検定公式問題解説集』☞ P.18（解説部分）

9 ④
『続・びわ湖検定公式問題解説集』☞ P.19（解説部分）

10 ④
『びわ湖検定公式問題解説集』☞ P.25（解説部分）

15 以下の文の答えとして最も適当なものを①～④の中から選べ。

1883年（明治16年）、滋賀県内でビワマス稚魚の孵化放流事業が初めて行われたのは、何という川か。

① 天野川　② 高時川　③ 知内川　④ 安曇川

16 以下の文の答えとして最も適当なものを①～④の中から選べ。

長浜の旧市街地を縫うように流れ、桃山時代には長浜城の堀としても利用されていた川は、次のうちどれか。

① 知内川　② 藤古川　③ 家棟川　④ 米川

17 以下の文の答えとして最も適当なものを①～④の中から選べ。

古琵琶湖層の化石林が発見されている川の組み合わせで、正しいものは次のうちどれか。

① 愛知川・佐久良川　② 瀬田川・芹川
③ 野洲川・高時川　④ 藤古川・天増川

18 以下の文の（　　）にあてはまる最も適当なものを①～④の中から選べ。

滋賀県の天気予報を北部と南部に分ける境界線は、2005年に変更されるまで、湖東は（　　　）、湖西は和邇川であった。

① 宇曽川　② 愛知川　③ 大同川　④ 日野川

前ページの解答

11 ①
『びわ湖検定公式問題解説集』☞ P.28（解説部分）

12 ④
『びわ湖検定公式問題解説集』☞ P.33（問題部分）

13 ④
『続・びわ湖検定公式問題解説集』☞ P.21（問題・解説部分）

14 ①
『続・びわ湖検定公式問題解説集』☞ P.26（解説部分）

19 以下の文の（　　）にあてはまる最も適当なものを①～④の中から選べ。

伊吹山測候所は、当時の滋賀県知事森正隆が高層観測の必要性を訴え、実業家（　　）らの寄付によってできた施設である。

① 伊藤忠兵衛　② 下郷伝平　③ 西川甚五郎　④ 堤康次郎

---

20 以下の文の答えとして最も適当なものを①～④の中から選べ。

1586年に、長浜城が全壊し、城主山内一豊の娘をはじめ多数の領民が死亡した地震は、次のうちどれか。

① 天正地震　② 元亀地震　③ 寛文地震　④ 姉川地震

---

21 以下の文の（　　）にあてはまる最も適当なものを①～④の中から選べ。

びわ湖の内湖としては最大で、諏訪湖とほぼ同じ面積だった（　　）では、干拓された際、竪穴住居跡と大規模な水田跡が見つかった。

① 津田内湖　② 早崎内湖　③ 大中の湖　④ 西の湖

---

22 以下の文の（　　）にあてはまる最も適当なものを①～④の中から選べ。

びわ湖が平成５年に登録され、平成20年には西の湖が拡大登録されたラムサール条約とは、特に（　　）として国際的に重要な湿地に関する条約のことである。

① 魚の産卵地　② 水草の群生地
③ 水鳥の生息地　④ 昆虫の生育地

前ページの解答

15 ③
『続・びわ湖検定公式問題解説集』☞ P. 9（問題部分）

16 ④
『続・びわ湖検定公式問題解説集』☞ P. 9（問題部分）

17 ①
『続・びわ湖検定公式問題解説集』☞ P.10（問題部分）

18 ②
『続・びわ湖検定公式問題解説集』☞ P.13（問題部分）

23 以下の文の（　　）にあてはまる最も適当なものを①～④の中から選べ。

滋賀県は、「持続可能な滋賀社会ビジョン」において、2030年の温室効果ガス排出量を1990年と比べて（　　）％削減することを目指している。

① 9　② 15　③ 25　④ 50

---

24 以下の文は、びわ湖の水質に関する記述である。正しいものを①～④の中から選べ。

① びわ湖北湖深層部における溶存酸素濃度は、減少傾向にある。
② びわ湖北湖は、全窒素の環境基準を満たしている。
③ びわ湖に大気から入ってくる全窒素の負荷は、滋賀県が出しているものがほとんどである。
④ びわ湖南湖は、透明度が高く、どこでも底まで見える。

---

25 以下の文の答えとして最も適当なものを①～④の中から選べ。

日本最大の銅鐸が出土した遺跡は、次のうちどれか。

① 大岩山遺跡　② 下之郷遺跡
③ 鴨田遺跡　④ 加茂岩倉遺跡

前ページの解答

19 ②
『続・びわ湖検定公式問題解説集』☞ P.13（問題部分）

20 ①
『続・びわ湖検定公式問題解説集』☞ P.17（問題部分）

21 ③
『びわ湖検定公式問題解説集』☞ P. 7、19（解説部分）、
『続・びわ湖検定公式問題解説集』☞29（解説部分）

22 ③
『びわ湖検定公式問題解説集』☞ P.113（解説部分）

26 以下の文の（　　　）にあてはまる最も適当なものを①～④の中から選べ。

大津北郊古墳群の古墳の特徴的な副葬品は、ミニチュア（　　　）であり、大陸（中国・朝鮮半島）の慣習を受け継いでいたとみられる。

① 装飾品　② 衣服　③ 炊飯具　④ 住居

---

27 以下の文の答えとして最も適当なものを①～④の中から選べ。

「あかねさす紫野行き標野行き　野守は見ずや君が袖振る」の歌に関係のないものは、次のうちどれか。

① 老蘇森　② 蒲生野　③ 大海人皇子　④ 万葉集

---

28 以下の文の（　　　）にあてはまる最も適当なものを①～④の中から選べ。

一乗止観院は、嵯峨天皇の勅許が下され、（　　　）の寺号が与えられた。

① 石山寺　② 園城寺　③ 西教寺　④ 延暦寺

---

29 以下の文の（　　　）にあてはまる最も適当なものを①～④の中から選べ。

平安時代の「梁塵秘抄」で後白河法皇は、「近江の湖は海ならず　（　　　）の池ぞかし」と歌った。

① 極楽浄土　② 密厳浄土　③ 七宝蓮華　④ 天台薬師

前ページの解答

23 ④

参考：『滋賀の環境2009』☞ P. 7

温室効果ガス排出量50%削減を目指す「低炭素社会の実現」と、健全な生態系や安全・安心な水環境の確保と、人とびわ湖の関わりの再生を目指す「琵琶湖環境の再生」の二つを掲げています。

24 ①

参考：『滋賀の環境2009』☞ P.19

毎年、びわ湖では湖底（光が届かず、表層の湖水が供給されない湖底）で溶存酸素量（DO）が低下しますが、冬季に湖水の循環が起こると湖底に酸素が供給され、DO が回復します。

25 ①

明治14年に発見された14口《こう》の中に、高さ日本最大のものが含まれていました。

30 以下の文は、平安時代末期から鎌倉時代にかけての佐々木氏に関する記述である。誤っているものを①～④の中から選べ。

① 定綱は、源頼朝の挙兵に応じ、後に、近江国の守護となった。
② 秀義は、源義朝に従い、保元の乱・平治の乱で戦った。
③ 高綱は、木曾義仲との戦いの中で、梶原景季と宇治川での先陣争いを演じた。
④ 広綱は、承久の乱で幕府方につき、宇治川の先陣争いで武功を立てたとされる。

---

31 以下の文の答えとして最も適当なものを①～④の中から選べ。

滋賀県にある城郭のうち、関連する人物との組み合わせで誤っているものは、次のうちどれか。

① 大津城・足利義晴　② 小谷城・海北友松
③ 安土城・狩野永徳　④ 観音寺城・六角義賢（承禎）

---

32 以下の文の答えとして最も適当なものを①～④の中から選べ。

びわ湖を眼下に望む位置にあり、「三成に　過ぎたるものが二つ有り　島の左近に　（　　）」とうたわれた城は、次のうちどれか。

① 長浜城　② 佐和山城　③ 彦根城　④ 大津城

前ページの解答

26 ③
『続・びわ湖検定公式問題解説集』☞ P.31（問題部分）

27 ①
『続・びわ湖検定公式問題解説集』☞ P.59（解説部分）

28 ④
『続・びわ湖検定公式問題解説集』☞ P.34（解説部分）

29 ④
『びわ湖検定公式問題解説集』☞ P.39（問題部分）

33 以下の文は、蒲生氏郷について述べているものである。誤っているものを①～④の中から選べ。

① 織田信長の娘婿で、嫡男の正室は徳川家康の娘。
② 秀吉の信任を得て松坂城主、会津若松城主を経る。
③ 茶人であり、利休七哲の一人。
④ 関ヶ原の戦いで、上杉景勝に備えて関東に残った。

34 以下の文の答えとして最も適当なものを①～④の中から選べ。

織田信長が安土に城を築いた理由として、誤っているのは次のうちどれか。

① びわ湖が近く、水運の重要性があった。
② 幹線道路の東山道が近く、陸運の重要性があった。
③ 平安楽土に通じる地名だった。
④ 京都の東の玄関口である近江を押さえたかった。

35 以下の文の答えとして最も適当なものを①～④の中から選べ。

滋賀県内では、びわ湖を重視し湖辺に多くの城が築かれたが、水城でないのは次のうちどれか。

① 大津城　② 長浜城　③ 坂本城　④ 観音寺城

前ページの解答

30 ④
『続・びわ湖検定公式問題解説集』☞ P.35（問題部分）

31 ①
『続・びわ湖検定公式問題解説集』☞ P.41、56、66（問題部分）

32 ②
『びわ湖検定公式問題解説集』☞ P.50（解説部分）

36 以下の文は、現在の長浜市出身である小堀遠州についての記述である。誤っているものを①～④の中から選べ。

① 水口城、名古屋城天守閣の建築や、二条城二の丸庭園の作庭に関わったとされている。

② 千利休、古田織部とともに三大茶人といわれ、膳所焼を指導したと伝わっている。

③ 関ヶ原の戦いの後、近江国奉行や伏見奉行など幕府の要職を歴任した。

④ 狩野永徳に師事し、「大覚寺宸殿障壁画」など多くの作品を残している。

---

37 以下の文の（　　）にあてはまる最も適当なものを①～④の中から選べ。

中国の瀟湘八景にちなんで選ばれた近江八景が、江戸時代に広く知られるようになったのは、（　　　）作の浮世絵版画によってである。

① 歌川（安藤）広重　　② 葛飾北斎
③ 喜多川歌麿　　④ 菱川師宣

---

38 以下の文の答えとして最も適当なものを①～④の中から選べ。

日本で初めてレーヨンを輸入して「人造絹糸」と名づけて販売するなど、先駆的事業で成功した近江商人は、次のうちだれか。

① 小林吟右衛門　　② 外村宇兵衛
③ 中江準五郎　　④ 藤井彦四郎

前ページの解答

33 ④
『続・びわ湖検定公式問題解説集』☞ P.39
宇都宮で上杉景勝に備えたのは、蒲生秀行《ひでゆき》（氏郷の嫡男）です。秀行は、家康の三女・振姫《ふりひめ》を正室としていました。

34 ③
『びわ湖検定公式問題解説集』☞ P.62（解説部分）
安土という地名は、天正4年（1576）に織田信長によって目賀田《めかた》から改名されたものです。

35 ④
観音寺城は、近江国守護六角氏の居城で、繖山《きぬがさやま》山頂にありました。

39 以下の文の答えとして最も適当なものを①～④の中から選べ。

「日本最大の坐像観音像」として知られる十一面観音像は、次のうちどれか。

① 石道寺（木之本町）像　② 盛安寺（大津市）像
③ 櫟野寺（甲賀市）像　④ 円満寺（近江八幡市）像

40 以下の文の答えとして最も適当なものを①～④の中から選べ。

西国三十三所観音巡礼の札所で、山号と寺号の組み合わせのうち、誤っているものは次のうちどれか。

① 岩間山・正法寺　② 石光山・石山寺
③ 長等山・園城寺　④ 姨綺耶山・宝厳寺

41 以下の文の答えとして最も適当なものを①～④の中から選べ。

寺の小僧がまいたそら豆から育った大木で造ったと伝えられる「豆の木太鼓」がある寺院は、次のうちどれか。

① 西明寺　② 金剛輪寺　③ 百済寺　④ 永源寺

42 以下の文の答えとして最も適当なものを①～④の中から選べ。

蓮華寺（米原市）を訪ね、「このみ寺に仲時の軍やぶれ来て　腹きりたりと聞けばかなしも」などの作品を残した作者は次のうちだれか。

① 斎藤茂吉　② 与謝野鉄幹
③ 北村季吟　④ 宮沢賢治

前ページの解答

36 ④
誤りの記述は、狩野山楽を説明したものです。『続・びわ湖検定公式問題解説集』☞ P.66（解説部分）

37 ①
『びわ湖検定公式問題解説集』☞ P.36（解説部分）

38 ④
『続・びわ湖検定公式問題解説集』☞ P.45（問題部分）

43 以下の文の（　　）にあてはまる最も適当なものを①〜④の中から選べ。

俵藤太こと藤原秀郷は、竜王の化身の大蛇に頼まれ、（　　）にすむムカデを退治したという伝説をもつ。

①　瀬田の唐橋　　②　逢坂山　　③　琴ヶ浜　　④　三上山

---

44 以下の文の（　　）にあてはまる最も適当なものを①〜④の中から選べ。

東近江市にある阿賀神社は、「太郎坊宮」もしくは「太郎坊さん」の愛称で親しまれているが、太郎坊は（　　　）の名前で、本来天台宗の修験場だったとされる。

①　山伏　　②　天狗　　③　鬼　　④　仙人

---

45 下の文の（　　）にあてはまる最も適当なものを①〜④の中から選べ。

総社神社（甲賀市）は、御所車を引く牛のエサ用の麦が古くから栽培され、日本の（　　）発祥の地といわれている。

①麦茶　　②パン　　③ビール　　④うどん

---

46 以下の文の（　　）にあてはまる最も適当なものを①〜④の中から選べ。

建造当時、眼前のびわ湖にヨシが群生していたことが名前の由来にもなった蘆花浅水荘は、京都画壇で活躍した日本画家（　　）の別荘庭園である。

①　山元春挙　　②　岸竹堂　　③　野口健蔵　　④　小倉遊亀

前ページの解答

39 ③
『びわ湖検定公式問題解説集』☞ P.40（解説部分）

40 ④
『びわ湖検定公式問題解説集』☞ P.56（解説部分）

41 ②
『続・びわ湖検定公式問題解説集』☞ P.47（問題部分）

42 ①
『続・びわ湖検定公式問題解説集』☞ P.60（解説部分）

47 以下の文の答えとして最も適当なものを①〜④の中から選べ。

近江商人の家に生まれた外村繁の著作のうち、太宰治の作品「逆行」などとともに、第1回芥川賞候補となった作品は次のうちどれか。

① 鵜の物語　② 草筏　③ 夢幻泡影　④ 蒼氓

48 以下の文の答えとして最も適当なものを①〜④の中から選べ。

日本で初めての本格的なプレストレストコンクリート橋（PC橋）は、次のうちどれか。

① 近江鉄道愛知川橋梁　② 信楽高原鐵道第一大戸川橋梁
③ 国道8号線野洲大橋　④ 琵琶湖大橋

49 以下の文の答えとして最も適当なものを①〜④の中から選べ。

特に湖北地域や甲賀市で盛んな地域の伝統行事で、年頭に神社や寺院で五穀豊穣などを祈念した後、当番の家で飲食をすることを何というか。

① オコナイ　② オマイリ　③ オクナイ　④ オイノリ

50 以下の文は、近江の地名に関する記述である。誤っているものを①〜④の中から選べ。

① 大津は、近江大津宮が廃都となると「古津」と呼ばれるようになった。
② 秀吉は、今浜の地に城を築き、この地の名を「長浜」に変えたと伝わっている。
③ 坂本の地名は、織田信長が中国の古典をもとに名づけたとも言われている。
④ 彦根の地名は、彦根山に活津彦根命（天照大神の子）が祀られていたことに由来する。

前ページの解答

43 ④
『続・びわ湖検定公式問題解説集』☞ P.49（解説部分）

44 ②
『続・びわ湖検定公式問題解説集』☞ P.50（解説部分）

45 ③
『続・びわ湖検定公式問題解説集』☞ P.51（解説部分）

46 ①
『続・びわ湖検定公式問題解説集』☞ P.67（問題・解説部分）

51 以下の文の（　　）にあてはまる最も適当なものを①～④の中から選べ。

湖国三大祭の一つである長浜曳山まつりでは、屋台形式の曳山の舞台で（　　）が行われることで広く知られている。

① 子ども歌舞伎　② お囃子　③ 人形浄瑠璃　④ からくり奉納

---

52 以下の文の答えとして最も適当なものを①～④の中から選べ。

びわ湖には四つの島があるが、午前中は黒色に見える岩が、日が西に傾くにしたがって次第に「白色に変ずるがゆえに白石の名あり」と言われた沖の白石は、どの自治体に属するか。

① 米原市　② 長浜市　③ 高島市　④ 湖北町

---

53 以下の文の答えとして最も適当なものを①～④の中から選べ。

山頂付近に観音正寺と観音寺城跡があり、山頂からは西方にびわ湖を望め、手前には西の湖と大中の湖干拓地が広がる山は、次のうちどれか。

① 賤ヶ岳　② 小谷山　③ 繖山　④ 八幡山

---

54 以下の文の（　　）にあてはまる最も適当なものを①～④の中から選べ。

滋賀県の県花であるシャクナゲは、（　　）に全国的にも珍しい群生地があり、国の天然記念物に指定されている。

① 日野町の鎌掛谷　② 東近江市の永源寺
③ 草津市の烏丸半島　④ 大津市の蓬萊山

前ページの解答

47 ②
『続・びわ湖検定公式問題解説集』☞ P.64（解説部分）

48 ②
『続・びわ湖検定公式問題解説集』☞ P.73（問題・解説部分）

49 ①
仏教の年頭行事である修正《しゅしょう》会《え》を起源とするとされる。

50 ③
『びわ湖検定公式問題解説集』☞ P.62（解説部分）

55 以下の文の答えとして最も適当なものを①～④の中から選べ。

「滋賀の食文化財」５点のうち、日野菜漬けの「日野菜」と呼ばれる野菜は、次のうちどれか。

① 大根　② カブ　③ 白菜　④ ほうれん草

---

56 以下の文の（　　）にあてはまる最も適当なものを①～④の中から選べ。

江戸時代、彦根藩では、牛肉の（　　）が「養老の秘薬」として珍重され、幕府に献上していたが、13代藩主直弼の時にこの献上は中止された。

① しぐれ煮　② 煮込み　③ 味噌漬け　④ たたき

---

57 以下の文の（　　）にあてはまる最も適当なものを①～④の中から選べ。

現在、茶の生産量、栽培面積ともに県内一を誇る土山茶は、1349年に臨済宗寺院（　　）を中興するためにやって来た鈍翁了愚が、この地に広めたことが始まりとされている。

① 常明寺　② 仙禅寺　③ 永源寺　④ 延暦寺

---

58 以下の文の（　　）にあてはまる最も適当なものを①～④の中から選べ。

高島市阿弥陀山周辺で採取される粘板岩は、別名（　　）と言われ、これを用いて江戸時代から作られるようになった硯は、最上級品として知られている。

① 紅渓石　② 赤間石　③ 雄勝石　④ 虎斑石

前ページの解答

51 ①
『びわ湖検定公式問題解説集』☞ P.57（問題部分）

52 ③
『びわ湖検定公式問題解説集』☞ P.66（解説部分）

53 ③
『びわ湖検定公式問題解説集』☞ P.68（解説部分）

54 ①
『びわ湖検定公式問題解説集』☞ P.73（解説部分）

59 以下の文の答えとして最も適当なものを①～④の中から選べ。

七職と呼ばれる七つの分業制をとっている彦根仏壇の製作工程の一つで、厳選された木材で仏壇の本体を作る工程の名称は、次のうちどれか。

① 彫刻　② 木地　③ 蒔絵　④ 宮殿

---

60 以下の文は、近江商人に関する記述である。正しいものを次の①～④から選べ。

① 八幡商人は、長浜城下から移住させられた商人たちが商業活動を行ったものとされている。
② 日野商人の主力商品は、日野椀と呼ばれる漆器で、会津塗のもとになった。
③ 五個荘の商人は、蚊帳や畳表を主に商い、浜蚊帳の名で長浜産のものも広く知られた。
④ 高島の商人は、呉服・太物を主に商い、明治以降までずっと繊維関係の卸商として活躍した。

---

61 以下の文の答えとして最も適当なものを①～④の中から選べ。

江戸時代、余呉川の水を逃すために掘られた放水路で、全長約220mのトンネルは、次のうちどれか。

① 西野水道　② 片山水道
③ 賤ヶ岳水道　④ 余呉湖水道

前ページの解答

55 ②
『びわ湖検定公式問題解説集』☞ P.79（解説部分）

56 ③
『びわ湖検定公式問題解説集』☞ P.82（問題部分）

57 ①
『びわ湖検定公式問題解説集』☞ P.83（解説部分）

58 ④
『びわ湖検定公式問題解説集』☞ P.84（解説部分）

62 以下の文の答えとして最も適当なものを①～④の中から選べ。

古くからゲンジボタルの発生地として知られ、ホタルの人工羽化に成功した南喜市郎の地元であり、ほたるの森資料館がある市町は、次のうちどれか。

① 米原市　② 安土町　③ 守山市　④ 栗東市

63 以下の文の答えとして最も適当なものを①～④の中から選べ。

寺院とそれぞれ花が咲く植物の名前を冠した別名の組み合わせで、正しいのは次のうちどれか。

① 総持寺・牡丹の寺　② 舎那院・萩の寺
③ 正法寺・芙蓉の寺　④ 神照寺・藤の寺

64 以下の文の（　　）にあてはまる最も適当なものを①～④の中から選べ。

明治以降、県内に初めて建設された公園である長等公園（大津市）には、（　　）が詠んだ「さざなみや志賀の都は荒れにしを　昔ながらの山桜かな」の歌碑が立っている。

① 柿本人麻呂　② 在原業平　③ 平忠度　④ 藤原為家

前ページの解答

59 ②
『びわ湖検定公式問題解説集』☞ P.86（解説部分）

60 ②
『びわ湖検定公式問題解説集』☞ P.88（解説部分）

61 ①
『続・びわ湖検定公式問題解説集』☞ P.74（解説部分）

65 以下の文は、施設に関する記述である。正しいものを次の①～④から選べ。

① 大津びわこ競輪場のG1レース「高松宮記念杯競輪」の名前の由来は、第１回県営レースの優勝杯が、近江神宮の祭主である高松宮から出されたことによる。

② 県立琵琶湖文化館の国宝・重要文化財の収蔵数は、全国第２位である。

③ 県立芸術劇場びわ湖ホールの大ホールは、国内初の４面舞台を備えている。

④ 県立琵琶湖漕艇場はびわ湖の北湖にあり、関西を代表するボート・カヌーのメッカである。

66 以下の文の（　　）にあてはまる最も適当なものを①～④の中から選べ。

1869年にびわ湖に初めて進水した蒸気船の一番丸は大津と（　　　）の間を運航していた。

①　今津　　②　海津　　③　塩津　　④　長浜

67 以下の文の答えとして最も適当なものを①～④の中から選べ。

滋賀の特産野菜・果物の組み合わせで誤っているのは、次のうちどれか。

①　湖南市・下田なす　　②　安土町・豊浦ねぎ

③　西浅井町・菅浦みかん　　④　米原市・西村早生

68 以下の文の（　　）にあてはまる最も適当なものを①～④の中から選べ。

「糸切餅」は、元寇の退散を祈願した返礼として鎌倉幕府から多賀大社に敵船の一部が奉納された故事にちなみ、元軍の船印を模して、白地に（　　　）の３本線の模様となったと伝えられている。

①　赤と青　　②　赤と緑　　③　黄と緑　　④　黄と青

前ページの解答

62 ③

『続・びわ湖検定公式問題解説集』☞ P.78（解説部分）

63 ①

『続・びわ湖検定公式問題解説集』☞ P.79（問題部分）

64 ③

『続・びわ湖検定公式問題解説集』☞ P.81（問題部分）

69 以下の文の（　　）にあてはまる最も適当なものを①～④の中から選べ。

大津では、大正から昭和初期にかけて木材パルプを原料とする（　　）工業が発展した。1937年に日本が世界一の生産高を記録した頃には、滋賀の工場で国内生産の２分の１を生産していた。

①　レーヨン　　②　セロハン　　③　製紙　　④　アクリル

---

70 以下の文の（　　）にあてはまる最も適当なものを①～④の中から選べ。

江戸時代初期から始まったとされる大津絵の画題は仏画が多く、のち藤娘は良縁に、鬼の念仏は子どもの（　　）に効く といった護符に用いられるようになった。

①　うそつき　　②　夜泣き　　③　ないものねだり　　④　甘えぐせ

---

71 以下の文の（　　）にあてはまる最も適当なものを①～④の中から選べ。

木之本では、生糸を用いた（　　）糸の製造技術が伝承されており、楽器の音色を決める最も重要な撚りの作業で、独楽撚りという工法が受け継がれ、邦楽器原糸製造の国選定保存技術となっている。

①　琵琶　　②　琴　　③　月琴　　④　三味線

前ページの解答

65 ①
『続・びわ湖検定公式問題解説集』☞ P.83、84（問題・解説部分）

66 ②
『続・びわ湖検定公式問題解説集』☞ P.85（解説部分）

67 ④
『続・びわ湖検定公式問題解説集』☞ P.87（解説部分）

68 ①
『続・びわ湖検定公式問題解説集』☞ P.88（解説部分）

72 以下の文は、滋賀県の焼き物に関する記述である。正しいものを①～④の中から選べ。

① 膳所焼（大津市膳所）は、鉄分の少ない陶土を用い、光沢のある黒褐色の風合いを特徴にもつ。

② 八田焼（甲賀市水口町）は、地元産の陶土に鉄釉を用い、きめが細かく白い肌が特徴である。

③ 下田焼（湖南市）は、呉須と呼ばれる顔料を用いた鮮やかな藍色が特徴である。

④ 信楽焼（甲賀市信楽町）は、灰の代わりに施釉を行い、独特の土味を生かしている。

---

73 以下の文の（　　）にあてはまる最も適当なものを①～④の中から選べ。

「信楽狸」として、全国的に知られている雄タヌキの焼物は、頭に笠、手には丸八の酒徳利と（　　　）を持っていることが多い。

① うちわ　　② 通帳　　③ そろばん　　④ 杖

---

74 以下の文の答えとして最も適当なものを①～④の中から選べ。

織田信長にゆかりがあるともいわれる近江八幡の特産品で、全国的に見ても珍しい赤こんにゃくを独特の朱色に染めるのに用いられているものは、次のうちどれか。

① 食紅　　② 酸化鉄　　③ 梅　　④ 銅

前ページの解答

69 ①
『続・びわ湖検定公式問題解説集』☞ P.91（解説部分）

70 ②
『続・びわ湖検定公式問題解説集』☞ P.92（解説部分）

71 ④
『続・びわ湖検定公式問題解説集』☞ P.93（解説部分）

75 以下の文の（　　）にあてはまる最も適当なものを①～④の中から選べ。

日本で初めて水時計（漏刻《ろうこく》）により時を刻んだとされる日にちなんで、毎年、時の記念日の６月10日に、（　　　）で漏刻祭が営まれる。

①　建部大社　　②　天孫神社　　③　近江神宮　　④　日吉大社

76 以下の文の（　　）にあてはまる最も適当なものを①～④の中から選べ。

大津港沖合180mの防波堤上にあるびわ湖花噴水は、高さ約40m、長さ（　　　）mであり、横の長さは世界一といわれている。

①　140m　　②　240m　　③　340m　　④　440m

77 以下の文の（　　）にあてはまる最も適当なものを①～④の中から選べ。

「急がば回れ」のことわざは、室町時代、滋賀県の（　　　）を詠んだ歌から生まれたと言われている。

①　瀬田の唐橋　　②　三井の晩鐘
③　堅田の浮御堂　　④　矢橋の帰帆

前ページの解答

72 ③
『びわ湖検定公式問題解説集』☞ P.87（解説部分）、『続・びわ湖検定公式問題解説集』☞ P.94（解説部分）

73 ②
『続・びわ湖検定公式問題解説集』☞ P.96（解説部分）

74 ②
由来としては「派手好みの織田信長がこんにゃくまで赤く染めさせた」、「左義長まつりの山車に飾られる赤紙にヒントを得て近江商人が考案した」等が言われており、酸化鉄（三二酸化鉄）で着色しています。

78 以下の文の（　　）にあてはまる最も適当なものを①～④の中から選べ。

ウィリアム・メレル・ヴォーリズに関連のある建築は、次のうちどれか。

① 白雲館　② 醒井宿資料館　③ 滋賀県庁　④ 酒遊館

79 以下の文の（　　）にあてはまる最も適当なものを①～④の中から選べ。

田上山系からの土砂の流出を防ぐため、オランダ人技師デ・レーケの指導により、（　　）川上流にオランダ堰堤が築かれた。

① 愛知　② 日野　③ 野洲　④ 草津

80 以下の文は、びわ湖の渇水に関する記述である。誤っているものを①～④の中から選べ。

① 1992年以降では、−90㎝以下に水位が低下した渇水は、２回である
② 水位低下により、水草が大量繁茂することがある。
③ 水位低下により、アオコが多く発生することがある。
④ びわ湖の水位の観測史上最低記録は、−123㎝である。

前ページの解答

75 ③

近江神宮の祭神である天智天皇が、671年、漏刻を用いて時を知らせたとされます。

76 ④

日没後には、ライトアップされます。

77 ①

東海道を京都へ向かう際の近道として、矢橋《やばせ》の港から船で大津へ渡るルートがありましたが、沈没などの危険をともなったため、室町時代の連歌師《れんがし》宗長《そうちょう》が詠んだ「武士《もののふ》のやばせの舟は早くとも急がば廻れ瀬田の長橋《ながはし》」という歌から、このことわざが生まれたとされます。

81 以下の文の答えとして最も適当なものを①〜④の中から選べ。

びわ湖における生活環境に関する環境基準項目となっているCODの意味は、次のうちどれか。

① 化学的酸素要求量　② 透明度
③ 全有機炭素量　④ 溶存酸素量

---

82 以下の文の（　　）にあてはまる最も適当なものを①〜④の中から選べ。

平成15年度の滋賀県水政課の調べによると、びわ湖の水を水道水として利用している人口は約（　　）万人である。

① 800　② 1400　③ 2000　④ 2500

---

83 以下の文の答えとして最も適当なものを①〜④の中から選べ。

1885年から工事が始まり、約5年の歳月をかけて完成した、当時最大規模の土木工事であった「琵琶湖第一疏水」の長さは次のうちどれか。

① 11.1㎞　② 22.2㎞　③ 33.3㎞　④ 44.4㎞

---

84 以下の文の（　　）にあてはまる最も適当なものを①〜④の中から選べ。

琵琶湖総合開発事業は、1972年に制定された特別措置法に基づき開始され、最終的には（　　）年度まで実施された。

① 1982　② 1992　③ 1996　④ 2001

前ページの解答

78 ②
『続・びわ湖検定公式問題解説集』☞ P.72（解説部分）

79 ④
『びわ湖検定公式問題解説集』☞ P.96（問題部分）

80 ①
『びわ湖検定公式問題解説集』☞ P.97（問題部分）

85 以下の文は、滋賀県の農業に関する記述である。誤っているものを①～④の中から選べ。

① 耕地面積は約5.4万haである。
② 耕地面積のうち、田の面積は約３分の２、畑の面積は約３分の１である。
③ 河川を用水源としている農地面積の割合は、２分の１近くを占める。
④ びわ湖からの水だけを、用水源としている農地面積の割合は、３分の１近くを占める。

86 以下の文は、滋賀県の林業に関する記述である。誤っているものを①～④の中から選べ。

① 森林は県土の約２分の１を占める。
② 森林のうちの約４割は、スギやヒノキなどの人工林である。
③ びわ湖の水を育む県産材の地産地消を目指して、滋賀県では「びわ湖材産地証明制度」に取り組んでいる。
④ 森林づくりのため、びわ湖の下流域の事業者からも税金を納めてもらっている。

87 以下の文の（　　）にあてはまる最も適当なものを①～④の中から選べ。

春に接岸したコアユを狙った漁法のひとつである追いさで網漁では、（　　　）が取り付けられたオイボウが使われている。

① ヨシ　② カラスの羽根　③ テナガエビ　④ エリ

前ページの解答

81 ①
『びわ湖検定公式問題解説集』☞ P.99（問題部分）

82 ②
『びわ湖検定公式問題解説集』☞ P.100（問題部分）

83 ①
『びわ湖検定公式問題解説集』☞ P.101（問題部分）

84 ③
『びわ湖検定公式問題解説集』☞ P.102（解説部分）

88 以下の文の（　　）にあてはまる最も適当なものを①～④の中から選べ。

1977年のびわ湖での淡水赤潮の大発生を契機に、いわゆる石けん運動が全県的に展開され、赤潮発生の原因の一つである（　　　）を含む家庭用合成洗剤の販売、使用、贈答が滋賀県内で禁止された。

① リン　② マグネシウム　③ カルシウム　④ カリウム

89 以下の文の答えとして最も適当なものを①～④の中から選べ。

世界の湖沼の健全な環境管理と水資源の持続可能な開発を目指して、国際的な活動を実施している滋賀県のNGOで、世界湖沼会議を共催で開催している㈶国際湖沼環境委員会の略称は次のうちどれか。

① ILEC　② GWP
③ WWC　④ UNEP-DTIE-IETC

90 以下の文の答えとして最も適当なものを①～④の中から選べ。

1984年に滋賀県の提唱で初めて開催された世界湖沼会議は、今年（2009年）の11月で13回目の開催となったが、その開催場所は次のうちどれか。

① 南アフリカ・ヨハネスブルグ　② 中国・武漢
③ メキシコ・グアダラハラ　④ ブラジル・リオデジャネイロ

前ページの解答

85 ②
『びわ湖検定公式問題解説集』☞ P.103（解説部分）

86 ④
『びわ湖検定公式問題解説集』☞ P.104（解説部分）

87 ②
『びわ湖検定公式問題解説集』☞ P.105（問題部分）

91 以下の文の答えとして最も適当なものを①～④の中から選べ。

「琵琶湖ルール」（滋賀県琵琶湖のレジャー利用の適正化に関する条例）で規制の対象になっていないものは、次のうちどれか。

① プレジャーボートの航行範囲　② プレジャーボートのエンジンの種類
③ 釣る魚の種類　④ 釣った外来魚の取り扱い

92 以下の文の答えとして最も適当なものを①～④の中から選べ。

滋賀県の教育事業「びわ湖フローティングスクール」で使用されている学習船「うみのこ」とほぼ同じサイズの県内の船舶は、次のうちどれか。

① ビアンカ　② 一番丸　③ megumi　④ 掃部丸

93 以下の文の（　　）にあてはまる最も適当なものを①～④の中から選べ。

滋賀県は戦後から1950年代後半まで労働力提供県として人口が他府県に流出していたが、1960年の84万3000人を底として増加に転じ、2008年には（　　）万人を超えた。

① 120　② 130　③ 140　④ 150

94 以下の文の（　　）にあてはまる最も適当なものを①～④の中から選べ。

農林水産省による米の食味試験制度では、ながらく旧中主町（現、野洲市）産の品種である（　　）が基準米として用いられていた。

① 日本晴　② コシヒカリ　③ キヌヒカリ　④ササニシキ

前ページの解答

88 ①
『びわ湖検定公式問題解説集』☞ P.108（問題部分）

89 ①
『びわ湖検定公式問題解説集』☞ P.110（解説部分）

90 ②
世界45ヶ国から約1500名が参加、開会式典では嘉田由紀子滋賀県知事によるスピーチが行われました。

95 以下の文の答えとして最も適当なものを①～④の中から選べ。

川を横断するように簀を立ててコアユなどの魚を捕らえる定置漁は次のうちどれか。

① ヤナ漁　② 四つ手網漁　③ 小糸網漁　④ エリ漁

---

96 以下の文の（　　）にあてはまる最も適当なものを①～④の中から選べ。

昭和40年代には中近東やインドに6000kg余りを輸出し、びわ湖の総漁業生産額の1/3～1/2を占めたびわ湖の淡水真珠の養殖用の母貝には、（　　）を用いている。

① セタシジミ　② イケチョウガイ
③ カワヒバリガイ　④ アコヤガイ

---

97 以下の文は、滋賀県のくらしに関する記述である。誤っているものを①～④の中から選べ。

① 公共図書館の県民一人当たり年間の図書貸出数9.08冊は全国１位である。（「日本の図書館　統計と名簿2007」／㈳日本図書館協会）
② 住宅用太陽光発電システムの普及率(※)は、2.47%の全国１位である。（※普及率：導入件数／一戸建て件数、平成6年度～平成19年度／新エネルギー財団、平成15年住宅・土地統計調査／統計課）
③ ボランティア活動の年間行動者率（10歳以上）34.0%は、全国２位である。（平成18年社会生活基本調査／総務省）
④ 年少人口割合（15歳未満の総人口に占める割合）は、15.1%の全国２位である。（推計人口平成20年10月1日／総務省）

前ページの解答

91 ③
『びわ湖検定公式問題解説集』☞ P.114（問題部分）

92 ①
『びわ湖検定公式問題解説集』☞ P.115（解説部分）

93 ③
『続・びわ湖検定公式問題解説集』☞ P.98（解説部分）

94 ①
『続・びわ湖検定公式問題解説集』☞ P.100（問題部分）

98 以下の文の答えとして最も適当なものを①～④の中から選べ。

滋賀県と姉妹都市あるいは友好都市の関係にある州・省の名前と、そこにある代表的な湖の組み合わせのうち、誤っているものは次のうちどれか。

① バイエルン州：レマン湖
② リオ・グランデ・ド・スール州：パトス湖
③ ミシガン州：エリー湖
④ 湖南省：洞庭湖

---

99 以下の文の答えとして最も適当なものを①～④の中から選べ。

江戸時代から戦前まで湖上輸送の主役として盛んに使われた、びわ湖独特の伝統的木造船は何というか。

① 過書船（過所船）　② 龍船　③ 安宅船　④ 丸子船

---

100 以下の文の（　　）にあてはまる最も適当なものを①～④の中から選べ。

滋賀県内における平成20年12月末の外国人登録者は、約（　　）ヶ国、約３万人である。

① 40　② 60　③ 80　④ 100

2級

前ページの解答

95 ①
『びわ湖検定公式問題解説集』☞ P.105（解説部分）、『続・びわ湖検定公式問題解説集』☞ P.102～103（問題部分）

96 ②
『続・びわ湖検定公式問題解説集』☞ P.105（問題部分）

97 ②
『続・びわ湖検定公式問題解説集』☞ P.98（解説部分）
住宅用太陽光発電システムの普及率は2.47％で全国５位です。１～４位は順に、佐賀・熊本・宮崎・長崎ですべて九州。

前ページの解答

98 ①

『続・びわ湖検定公式問題解説集』☞ P.108（問題部分）

99 ④

船の側面に丸太を二つ割りにしたオモギが取りつけられていることが特徴です。

100 ③

国別ではブラジルからが最も多く、１万人を超える。

1　級

問題と解答　56問

1 次の問いに答えよ。

近江八景の一つに近いびわ湖の湖底から発見された、縄文時代の大規模な貝塚を中心とする遺跡は何か。

2 以下の文の答えとして最も適当なものを①～④の中から選べ。

滋賀県内にある古墳のうち、前方後円墳でないものは次のうちどれか。

①　茶臼山古墳（大津市）　　②　雪野山古墳（東近江市）
③　塚の越古墳（米原市）　　④　甲山古墳（野洲市）

☞ 解答と解説の参照先は、次ページ下にあります。

3 次の問いに答えよ。

大友皇子の曾孫にあたる漢学者で、764年、現在の東近江市中部にある布施溜池の拡張工事にあたった記録が残る人物は誰か。

4 次の問いに答えよ。

聖徳太子が根のついた立木に仏像を刻んだと伝わることから、別名「植木観音」とも呼ばれる十一面観世音菩薩を本尊としている東近江市にある寺は何というか。

5 次の問いに答えよ。

宇多天皇の勅命により開山した古刹で、金銀鍍透彫華籠（国宝）をはじめ多くの文化財を有し、別名「萩の寺」とも呼ばれる長浜市にある寺は何というか。

前ページの解答

1 粟津湖底遺跡

『びわ湖検定公式問題解説集』☞ P. 8、10

水深2～3mの湖底にあるため、平成2年度から鋼板で仕切った区画内の水を抜く方法で調査が行われました。日本最大規模の淡水貝塚を中心に、縄文人の食生活を解明する手がかりとなるトチやクリなどの木の実とその加工に使われた磨石《すりいし》、魚や哺乳類の骨が出土しています。

2 ④

『続・びわ湖検定公式問題解説集』☞ P.30 ～ 31

④は円墳で、20mほどの高さに土を盛った、名前のとおり「甲《かぶと》」をふせたような形をしています。

6 次の問いに答えよ。

太郎坊山（東近江市）の中腹、阿賀神社本殿前にある磐座で、悪心を持つ者が通ればはさまれると伝わる巨岩は、何と呼ばれているか。

7 次の問いに答えよ。

源頼朝が寄進したと伝わり、現存する中では日本最古の多宝塔である石山寺多宝塔の内部に安置されている木造大日如来坐像の作者は誰か。

8 次の問いに答えよ。

平氏を破って入京するが、後白河法皇と対立し、源頼朝の命による討伐を受け、敗走中の近江国で討ち死にした源氏の武将は誰か。

前ページの解答

3 淡海三船

『続・びわ湖検定公式問題解説集』☞ P.101

淡海三船の撰とする説が有力な日本最古の漢詩集『懐風藻《かいふうそう》』の巻頭にあるのは、「侍宴」と題された大友皇子の五言絶句です。668年、大津宮で天智天皇が即位した直後の宴《うたげ》で、父の徳を讃えた詩とされ、現存する最古の日本漢詩です。

4 百済寺

『続・びわ湖検定公式問題解説集』☞ P.55

百済寺の十一面観世音菩薩は全高3.2m。秘仏のため、戦後では昭和26年（1951）と平成18年（2006）の２回しか開帳されていません。寺伝によると、聖徳太子が高句麗《こうくり》の高僧恵慈《えじ》の案内で山中に分け入ったさい、百済《くだら》の龍雲寺の本尊・十一面観音像用に杉の大木の上半分が海を渡ったことを知り、残された巨木の下半分に自ら十一面観音を刻んだといいます。

5 神照寺

『続・びわ湖検定公式問題解説集』☞ P.79

金銀《きんぎん》鍍《と》透彫《すかしぼり》華籠《けこ》は、法会《ほうえ》の際に散華《さんげ》する花びらを盛った皿のこと。平安時代の作５枚、鎌倉時代の作11枚、計16枚があり、日本金工史上の代表作とされています。

9 以下の文の答えとして最も適当なものを①～④の中から選べ。

佐々木信綱の息子４人と分かれた４家の組み合わせで正しいものはどれか。

① 重綱―六角氏、高信―京極氏、泰綱―大原氏、氏信―高島氏
② 重綱―高島氏、高信―六角氏、泰綱―京極氏、氏信―大原氏
③ 重綱―大原氏、高信―高島氏、泰綱―六角氏、氏信―京極氏
④ 重綱―京極氏、高信―大原氏、泰綱―高島氏、氏信―六角氏

10 次の問いに答えよ。

1487（長享元）年、９代将軍足利義尚が六角氏討伐のため、栗太郡に置いた陣を何というか。

11 次の問いに答えよ。

京を追われて近江東部に仮幕府を置いた将軍足利義晴が、絵師土佐光茂に描かせた絵巻は何というか。

前ページの解答

6 夫婦岩
『続・びわ湖検定公式問題解説集』☞ P.50
読みは、「めおといわ」、「みょうといわ」、どちらでも可です。

7 快慶
『びわ湖検定公式問題解説集』☞ P.54
木造大日如来坐像は像高101.7㎝、頭部内側に快慶ほか数名の仏師の名前が墨書されており、工房の形で仏像製作が行われていたことがわかります。

8 木曾（源）義仲
『続・びわ湖検定公式問題解説集』☞ P.34
大津市馬場の義仲寺《ぎちゅうじ》の境内には、木曾義仲の墓と並んで、松尾芭蕉の墓があります。生前たびたびこの地を訪れた芭蕉は、大坂で亡くなりましたが、「木曾殿のそばに葬《ほうむ》れ」という遺言に従い、遺体が弟子たちによって運ばれました。

12 次の問いに答えよ。

びわ湖の湖辺に天守が築かれた水城の名称と初代城主の組み合わせを二つあげよ。

13 次の問いに答えよ。

豊臣五奉行のうち近江出身の大名（武将）を石田三成以外に二人あげよ。

14 次の問いに答えよ。

母は浅井長政の姉、妻は長政の娘初、大津城の４代目城主となり、関ヶ原の戦いの際には、籠城して西軍を足止めしたのは誰か。

前ページの解答

9 ③

『続・びわ湖検定公式問題解説集』 ☞ P.35

佐々木氏の惣領家は、三男（泰綱）の六角氏が担うことになり、近江国守護職を継ぎます。他の３人も京都に住んで鎌倉幕府の要職につきました。

10 鈎の陣

『続・びわ湖検定公式問題解説集』 ☞ P.37

京極導誉《どうよ》の登場後、京極氏が六角氏をしのぐ力を得ますが、応仁の乱後に六角氏が再び勢力を盛り返します。室町幕府に従わなくなった六角氏を討つため、自ら近江に布陣してきた足利義尚《よしひさ》でしたが、そのまま25歳の若さで亡くなってしまいました。

11 桑実寺縁起（絵巻）

『続・びわ湖検定公式問題解説集』 ☞ P.65

京都では応仁の乱以降も、足利将軍の後継をめぐって、細川氏と大内氏の争いが続いたため、11代将軍義澄《よしずみ》、12代将軍義晴、13代将軍義輝《よしてる》はいずれも近江に逃れました。六角定頼《さだより》は居城である観音寺城と同じ繖山《きぬがさやま》の桑実寺《くわのみでら》に義晴を迎え、義晴はここで近衛尚通《このえひさみち》の娘と結婚式をあげています。桑実寺縁起絵巻（重要文化財）のあらすじは、義晴が自らの生涯を近江に遷都した天智天皇になぞらえたものとされます。

15 以下の文の（ア）、（イ）の中に入る最も適当な人物名を答えよ。

将軍（　ア　）の上洛用の宿泊施設として、（　イ　）が作事奉行を務めて完成した御殿が水口城である。

16 以下の文の答えとして最も適当なものを①～④の中から選べ。

次の彦根藩歴代藩主のうち、外国船が江戸湾周辺に頻繁に現れ、井伊家が相模国三浦半島の警備にあたった時の藩主は誰か。

①　井伊直弼　　②　井伊直定　　③　井伊直亮　　④　井伊直中

17 以下の文の（ア）、（イ）の中に入る最も適当な語句を答えよ。

信楽焼の特徴の一つである「自然釉」とは、焼成中に、（　ア　）が器の表面に降りかかり、素地に含まれる成分と化学反応を起こして（　イ　）がかかったような状態になることである。

18 次の問いに答えよ。

大津絵は願いをかなえる護符としても用いられた。「鬼の念仏」は子供の夜泣きに効くとされたが、「藤娘」はどんな効能があるとされたか。

前ページの解答

12 羽柴秀吉と長浜城、明智光秀と坂本城、織田（津田）信澄と大溝城

13 長束《なつか》正家《まさいえ》（草津市）、増田《ました》長盛《ながもり》（長浜市）

豊臣政権で、五大老（徳川家康ほか）の下にあって、検地などの実務を処理した５人の奉行を五奉行といい、残りの二人は、浅野長政（愛知県）と前田玄以《げんい》（岐阜県）です。

14 京極高次

『続・びわ湖検定公式問題解説集』☞ P.40

19 以下の文の（ア）、（イ）、（ウ）の中に入る最も適当な語句を答えよ。

屋台に車輪をつけた曳山（山車）が巡行する曳山祭は滋賀県に九つ（2009年現在）あり、７月中旬の浅小井祇園まつり、10月上旬の大津祭と米原曳山まつりを除き、残りの曳山祭は４～５月が祭日となっている。長浜と米原の曳山の舞台では（　ア　）が演じられ、その他の地域の曳山では故事や能、歌舞伎に材を取った作り物を飾る。このうち大津祭の曳山では「（　イ　）」と呼ばれる人形が動く。曳山では見送り幕も見所の一つで、大津の月宮殿山と龍門滝山（鯉山）、長浜の鳳凰山と翁山のものはベルギー製の（　ウ　）で重要文化財に指定されている。

20 次の問いに答えよ。

国道８号線（旧中山道）が愛知川を越える御幸橋の位置にあった江戸時代の橋は、広重画「木曽海道六拾九次」の画中に「はし銭いらず」と書いた標柱とともに描かれている。当時、この橋は何と呼ばれていたか。

前ページの解答

15 （ア）徳川家光　（イ）小堀遠州（政一）

『続・びわ湖検定公式問題解説集』☞ P.44

小堀政一（はじめ正一、のち政一と改める）は、小堀正次を父、磯野《いその》員昌《かずまさ》の娘を母として坂田郡小堀村（長浜市）に生まれました。水口城をはじめ、名古屋城天守閣などの築城に関わり、隠居後の徳川家康が居城とした駿府《すんぷ》城（静岡県）の普請奉行《ふしんぶぎょう》を務めた功績から「従五位下《じゅごいのげ》遠江守《とおとうみのかみ》」に任じられ、遠江の別名である「遠州」と呼ばれました。茶人としても知られ、３代将軍徳川家光の茶道師範も務めています。

16 ③ 井伊直亮

『続・びわ湖検定公式問題解説集』☞ P.43

直定は８代藩主。直中は11代藩主。直中の三男が12代藩主となった直亮、同じく十四男が13代藩主となった直弼です。直亮の養嗣子《ようしし》（跡継ぎ）だった直元《なおもと》（直中の十一男）が弘化３年（1846）に急死したため、直弼が江戸に呼び寄せられ、兄直亮の養嗣子となります。弘化４年、直弼は海防のため三浦半島の警備についています。嘉永３年（1850）直中の死去により、直弼は藩主となりました。その８年後、幕府大老職についた直弼は日米修好通商条約に調印します。

17 （ア）灰　（イ）釉薬（ゆうやく、うわぐすり）

『びわ湖検定公式問題解説集』☞ P.87

18 縁結び（良縁を得る）

『続・びわ湖検定公式問題解説集』☞ P.92

21 以下の文の答えとして最も適当なものを①～④の中から選べ。

江戸時代末から昭和初期にかけて現在の甲賀市甲南町周辺で製造が盛んだった前挽鋸、別名「大鋸」は、どのような工程で用いるためのノコギリだったか。

① 大径木を切り倒す　② 木の皮をはぎとる
③ 丸太の端を切り落とす　④ 丸太を縦に切って板にする

22 次の問いに答えよ。

東近江市の本宅が公開されている近江商人、藤井彦四郎が、1906（明治39）年にフランスから輸入して日本国内で販売し始めたものは何か。

23 次のア～エの近江ゆかりの絵師（画家）の師は、それぞれ誰か。最も適当なものを①～④の中から選べ。

ア 海北友松　イ 狩野山楽　ウ 岸竹堂　エ 高田敬輔

① 狩野永岳…京狩野９代目。井伊家の御用絵師も務め、「井伊直弼画像」（清凉寺蔵）の作者。
② 狩野永敬…京狩野４代目。
③ 狩野永徳…狩野元信の孫。代表作として、織田信長から上杉謙信に贈った「洛中洛外図屏風」がある。
④ 狩野元信…狩野家２代目。

前ページの解答

19 （ア）子ども歌舞伎（狂言）　（イ）からくり　または　所望　（ウ）ゴブラン織（毛綴織、タペストリー）

からくりには、桜の古木から桜の精が現れるもの（西行桜狸山《さいぎょうざくらたぬきやま》）や、エビスさんが鯛を釣り上げるもの（西宮蛭子山《にしのみやえびすやま》）などがあり、曳山巡行中の決まった場所で「所望《しょもう(しょうもん)》」のかけ声とともに披露されます。「しょうもん（所望）」は、「からくり」そのものあるいは「からくりを披露する行為」を意味し、「からくりを演じてください」ということを「しょうもんして」という言い方がなされます。タペストリーは、ヨーロッパの王侯貴族の城に飾られた壁掛けで、それぞれの地域の町衆が江戸時代にかなりの財力を有していたことを示しています。大津の月宮殿山《げっきゅうでんざん》と龍門《りゅうもん》滝山《たきやま》の見送幕は、京都祇園祭の白楽天山前懸《はくらくてんやままえかけ》とともに、また長浜の鳳凰山《ほうおうざん》見送幕は京都祇園祭の鶏鉾《にわとりぼこ》見送幕とともに１枚の大きなタペストリーを切り分けたものだったことがわかっています。

20 無賃橋

愛知川の無賃橋は、川越人足《かわごしにんそく》を雇う金のない者が溺死《できし》する事故も多かったことから、愛知川宿で酒店を営んでいた成宮弥次右衛門《なるみややじえもん》が知り合いの商人らに協力を求めて資金を集め、天保２年（1831）に完成しました。正式には「太平橋」と名づけられていたようです。「木曾海（街）道六拾九次」は、渓斎英泉《けいさいえいせん》によって天保６年に描き始められ、江戸日本橋からの前半３分の１を描いたところで、絵師が歌川広重に交替、残り約３分の２が描き継がれて完成しました。

24 次の問いに答えよ。

現在の草津市に暮らし、「石の長者」と呼ばれた木内石亭が、鉱物や化石、古代の石器など、自ら収集・研究した石のことを絵入りで記した刊行物の題名は何か。

---

25 次の問いに答えよ。

水口藩の藩医の家に生まれ、明治新政府に官吏として出仕、書に秀で「明治三筆」の一人に数えられた人物は誰か。

---

26 次の問いに答えよ。

大津市の安養院に伝わる僧良源（慈恵大師、元三大師、第18代天台座主）とその母にまつわる伝説をもとに、谷崎潤一郎が昭和26年（1951）に発表した小説は何というか。

前ページの解答

21 ④
『続・びわ湖検定公式問題解説集』☞ P.95

22 レーヨン（人造絹糸）
『続・びわ湖検定公式問題解説集』☞ P.45
　レーヨンは、木材パルプを苛性ソーダで溶かしたものを細いノズルから酸の中に噴出して糸にした再生繊維です。大正時代から滋賀県にレーヨン工場が進出し、昭和初期には国内生産量の約２分の１を製造するようになりました。人造絹糸を略して「人絹《じんけん》」とも呼ばれました。

23 ア―④　イ―③　ウ―①　エ―②
『続・びわ湖検定公式問題解説集』☞ P.66 ～ 67
　日本画の一流派である狩野派は、足利８代将軍義政に仕えた狩野正信を始祖とします。狩野永徳が信長と秀吉に仕えて安土城や大坂城の障壁画制作にたずさわり、江戸時代も代々将軍家御用絵師として画壇の中心に位置しました。

27 以下の文の（ア）、（イ）、（ウ）の中に入る最も適当なものを①～④の中から選べ。

比叡山延暦寺の山門と寺門への分裂は、初代天台座主（　ア　）と２代座主（　イ　）それぞれの弟子の間で起こった派閥抗争から起こったもので、５代座主（　ウ　）が跡地を賜り天台別院として再建した園城寺に、比叡山を下りた（　ア　）派が移り、以後も長く対立が続くこととなった。

①　円澄　　②　円仁　　③　円珍　　④　義真

28 以下の文の（ア）、（イ）、（ウ）の中に入る最も適当なものを、それぞれの①～④の中から選べ。

平安時代中期、乱を起こした（　ア　）を討伐した功績により下野守になった武将（　イ　）は、俗に俵藤太とも呼ばれ、近江には三上山のムカデ退治伝説が伝わっている。瀬田の橋の上に横たわっていた大蛇・びわ湖にすむ龍王の化身は、藤太の勇気を見込んで、三上山の大ムカデを退治してほしいと頼む。藤太は、ムカデが苦手とする（　ウ　）を塗った矢を射て、これを退治し、その礼に使ってもつきない絹の布、米俵、鍋を贈られた。

（ア）－　①藤原仲麻呂　②平将門　③源頼朝　④楠木正成
（イ）－　①平貞盛　②藤原秀郷　③小野好古　④源義朝
（ウ）－　①酒　②血　③つば　④小便

前ページの解答

24 雲根志
『続・びわ湖検定公式問題解説集』☞ P.68
「石亭」は号で、本名は重暁《しげあき》。

25 巖谷一六（巖谷修）
『続・びわ湖検定公式問題解説集』☞ P.64
巖谷一六《いわやいちろく》（本名：修《しゅう》）は、内閣代書記官となり、明治天皇の言葉や政府の命令書などを書いた。「明治三筆」の残り二人は、中林梧竹《ごちく》（佐賀県出身）と、彦根出身で一六と同じく大書記官を務めた日下部鳴鶴《くさかべめいかく》です。一六の子、巖谷小波《さざなみ》（本名：季雄《すえお》）は、日本の童話作家の草分けとして有名です。

26 『乳野《ちの》物語』（『元三大師の母』を改題）
『続・びわ湖検定公式問題解説集』☞ P.63
大津市千野《ちの》にある安養院には、良源の母・月子姫《つきこひめ》の墓があり、子を慕う母と、天台座主《ざす》の身でありながら比叡山を下りて麓の千野まで母に会いにきた良源の話が伝わっています。

29 以下の文は佐和山城に関する記述である。（ア）～（エ）の中に入る最も適当なものを、それぞれ①～④の中から選べ。

坂田郡と犬上郡の境に位置し、北に北国街道、南と東に（　ア　）、西にびわ湖とつらなる内湖を望む佐和山には、すでに鎌倉時代、近江国守護となった（　イ　）の六男で佐保氏を名乗った時綱の館が置かれていたとされる。その後は、近江北部と南部をそれぞれ支配した京極氏と六角氏の間で争奪戦が繰り広げられ、湖北で京極氏に代わり台頭した浅井氏は佐和山城を小谷城の支城とし、（　ウ　）が城主となった。その後（　ウ　）は、姉川の戦いに勝利した織田信長軍の攻撃を受けると、8ヶ月に及ぶ籠城戦の末、降伏。信長は重臣丹羽長秀をこの佐和山城に入城させ、安土城築城までの間、度々逗留した。信長亡き後、豊臣秀吉は佐和山城を五奉行の一人、石田三成に与える。関ヶ原の合戦の翌日、東軍の攻撃によって落城。徳川家康は、佐和山城攻めでも先鋒を務めた（　エ　）を入城させた。

（ア）ー　①東海道　②中山道　③北国脇往還　④八風街道
（イ）ー　①佐々木定綱　②佐々木秀義　③佐々木信綱　④六角泰綱
（ウ）ー　①阿閉貞征　②磯野員昌　③藤堂高虎　④宮部継潤
（エ）ー　①本多忠勝　②榊原康政　③酒井忠次　④井伊直政

前ページの解答

27 （ア）④　（イ）①　（ウ）③
『続・びわ湖検定公式問題解説集』☞ P.34

28 （ア）②　（イ）②　（ウ）③
『続・びわ湖検定公式問題解説集』☞ P.49

30 以下の文の（ア）、（イ）、（ウ）の中に入る最も適当なものを、それぞれの①～④の中から選べ。

江戸時代前期、野洲郡北村（野洲市）の医家に生まれた北村季吟は、松永貞徳らに俳諧を、飛鳥井雅章らに歌学を学んだ。京都で古典講釈や俳諧指導を行い、『（　ア　）湖月抄』をはじめ『枕草子』や『伊勢物語』など数多くの古典の注釈書を世に出し、庶民への古典文学普及に貢献する一方、俳諧でも、（　イ　）など多くの門人を輩出した。66歳で息子の湖春とともに幕府の歌学方として召され、以後北村家が世襲した。野洲市北自治会館前に立つ季吟の句碑「祇王井にとけてや民もやすこほり」は、『平家物語』に登場する白拍子の名手、妓王が（　ウ　）に願い出てつくらせた用水「祇王井」の伝説をふまえている。

（ア）ー　①大和物語　②土佐日記　③源氏物語　④徒然草
（イ）ー　①西山宗因　②松尾芭蕉　③与謝蕪村　④森川許六
（ウ）ー　①平忠盛　②平清盛　③平時忠　④源頼政

31 次の問いに答えよ。

大津宮（大津京）へ遷都が行われた歴史的背景についての有力な説を、100字以上200字以内で書きなさい。（きっかけとなった朝鮮半島での戦いの名称、遷都を主導した人名は必ず入れること。）

前ページの解答

29 （ア）②　（イ）①　（ウ）②　（エ）④
その後、井伊家が彦根城を築城したため、慶長11年（1606）に佐和山城は廃城となりました。

32 次の問いに答えよ。

蒲生氏郷について、100字以上200字以内で書きなさい。（父にあたる武将、少年期に人質となった武将、その後仕えた武将と封じられた領地２ヶ所の名称は必ず入れること。）

33 次の問いに答えよ。

織田信長はなぜ安土山に城を築いたか、50字以上150字以内で書きなさい。

34 以下の文の（ア）、（イ）の中に入る最も適当な数字と語句を答えよ。

びわ湖に入ってきた水が湖から出ていくまでの平均滞留時間は約（　ア　）年といわれているが、これはびわ湖の（　イ　）を湖から年間に流出する水量で割って求められた時間である。

前ページの解答

30 （ア）③　（イ）②　（ウ）②

『続・びわ湖検定公式問題解説集』☞ P.61

31 【解答例】

660年、日本と友好関係にあった百済《くだら》が唐・新羅《しらぎ》によって滅ぼされた。その復興を目指して日本・百済の連合軍が朝鮮半島に出兵したが、663 年、白村江の戦いで敗北した。その結果、唐・新羅から攻撃を受ける可能性が生じたため国防強化が図られるなか、667年、びわ湖に面し、東山道や北陸道への交通路が通じた近江国大津の地に遷都が行われ、中大兄皇子《なかのおおえのおうじ》は即位して天智天皇となった。

35 以下の文の（ア）、（イ）の中に入る最も適当な語句を答えよ。

びわ湖に関するもっとも長期的かつ総合的な保全計画である「マザーレイク21計画」（2000年策定）は「（　ア　）」「（　イ　）」「自然的環境・景観保全」の３つを計画の柱としている。

36 以下の文の（ア）、（イ）の中に入る最も適当な語句を答えよ。

2003年からスタートした「琵琶湖ルール」は、びわ湖のレジャー利用の適正化を目的としたものであるが、その主な内容は、従来型２サイクルエンジンの使用禁止を含んだ（　ア　）の航行に関する規制と（　イ　）の禁止である。

前ページの解答

32【解答例】

蒲生氏郷は、日野の蒲生賢秀《かたひで》の息子で、父が仕えた六角氏を滅ぼした織田信長のもとで人質として少年期を送った。その能力が信長に認められたため次女冬姫をめとり、本能寺の変では父賢秀とともに安土城から信長の妻子を日野城へ逃す活躍をみせた。その後、豊臣秀吉によって、伊勢松ヶ島（松阪）、次いで陸奥《むつ》黒川（会津若松）に封じられ、それぞれの地の城下町としての基盤を築いた。

『続・びわ湖検定公式問題解説集』☞ P.39

33【解答例】

信長は京都（朝廷の存在）に接する近江の掌握に全力を注いだ。その中で近江を通る日本の幹線道である東山道《とうさんどう》（のち中山道《なかせんどう》）を押さえる重要性にかんがみ、新たな地として安土山を選んだ。そのうえ信長は、戦略的にびわ湖を占める重要性を認識し、湖に接する安土山に着眼した。

34（ア）5.5　注）５や６は×。　　（イ）容積　または　貯水量

湖に入ってきた水が湖から出ていくまでの平均時間（平均滞留時間）は、湖の容積（貯水量）を湖から年間に流出する水量で割ることによって計算することができます。びわ湖の滞留時間として通常に使われている5.5年という数値は、湖の容積（貯水量）約275億㎥を湖からの平均流出水量約50億㎥／年で割って求められた値です。なお、この5.5年はあくまで平均の滞留時間であり、びわ湖のすべての水が入れ替わるためには、その４倍以上の時間がかかると言われています。このことは、いったん汚れたびわ湖をきれいな湖に戻すために、いかに長い年月が必要になるかを物語っています。

37 以下の文の（ア）、（イ）の中に入る最も適当な語句を答えよ。

滋賀県では、北湖西岸の（　ア　）、北湖東岸の尾上～海老江、南湖の（　イ　）の３地域を特に重要な「保護地区」に指定してびわ湖周辺のヨシ群落の保全に取り組んでいる。

---

38 以下の文の（ア）、（イ）の中に入る最も適当な語句を答えよ。

滋賀県では、びわ湖周辺の水田排水路に（　ア　）を設けるなど、魚が湖から遡上し、水田を産卵繁殖の場として利用できるよう再生することで、生きものと人が共生できる農業・農村の創造を目指す「魚の（　イ　）水田」プロジェクトに取り組んでいる。

前ページの解答

35 （ア）水質保全　　（イ）水源かん養　または　水源涵養　　注）順不同
『滋賀の環境2009』☞ P. 7
「琵琶湖総合保全整備計画」（通称「マザーレイク21計画」）は、平成12年（2000）３月に定められた、びわ湖の総合保全に関する滋賀県でもっとも長期的で総合的な計画です。この計画は、長期目標として2050年の〈琵琶湖のあるべき姿〉を掲げ、「琵琶湖と人との共生（琵琶湖を健全な姿で次世代に継承する）」という基本理念と「人々と地域の幅広い共感」「保全と活力あるくらしの共存」「現在と未来における共有」という基本方針の下、総合保全の対策分野として「水質保全」「水源かん養」「自然的環境・景観保全」の３つの柱を設け、それぞれの分野ごとに、総合保全を推進するための住民や事業者、行政の広域的な取り組みを、計画の中に位置づけています。

36 （ア）プレジャーボート　　（イ）外来魚の再放流（リリース）
注）外来魚の放流など「再」がないものは×。
『びわ湖検定公式問題解説集』☞ P.114、『滋賀の環境2009』☞ P. 8
びわ湖では近年、湖上や湖辺における人々のレジャー活動が環境にさまざまな負荷を与えていることが問題になっています。たとえば、水上オートバイやモーターボートなどのプレジャーボートは、騒音が湖岸に住む住民の生活環境や水鳥の生息環境に悪影響を与えているほか、２サイクルエンジンの排気ガスは水質汚濁の原因となっています。また、釣りというレジャーについても、湖の在来魚が大幅に減少する要因ともなっているブラックバスやブルーギルといった外来魚の繁殖を抑制するためのルール作りが求められるようになってきました。そのため県では平成14年（2002）に「滋賀県琵琶湖のレジャー利用の適正化に関する条例」（琵琶湖ルール）を定め（施行は平成15年）、レジャー活動に伴う環境への負荷の低減を図るために、びわ湖における新たなルールの定着に取り組んでいます。

39 以下の文の（ア）、（イ）の中に入る最も適当な語句と数字を答えよ。

びわ湖では、環境基準項目をはじめとする81項目についての水質調査が定期的に行われているが、そのうち（　ア　）の測定にはセッキー板と呼ばれる直径（　イ　）cmの白い円盤が使われている。

前ページの解答

37 （ア）針江　（イ）烏丸半島　注）烏丸半島・赤野井湾でも○

『滋賀の環境2009』☞ P.11

ヨシ群落は、湖国らしい個性豊かな郷土の原風景であり、魚類・鳥類の生息場所、湖岸の侵食防止、水質保全などの多様な機能を有しており、豊かな生物相を育み、びわ湖の環境保全に大きな役割を果たしています。滋賀県では、このようなヨシ群落の多様な働きを見直し、保全することによって、美しいびわ湖を次代に引き継いでいくため、平成４年（1992）３月30日に「滋賀県琵琶湖のヨシ群落の保全に関する条例」（ヨシ群落保全条例）を公布し、同年７月１日から施行しました。

ヨシ群落保全条例は、生態系の保全を積極的に定めた全国で初めての条例であり、その前文にうたわれているように、びわ湖自身の健全な自然の営みを重視し、その維持と回復に努める必要があることから、びわ琶湖の保全活動の新たな第一歩として湖辺のヨシ群落の保全を図っていこうとするものです。

条例では、ヨシ、マコモ、ウギヤガラ、ガマなどの抽水植物とヤナギ類などの耐湿地性樹種が一体となったものをヨシ群落と定義し、ヨシを「守る」「育てる」「活用する」ために、次のような施策を進めることとしています。

[ヨシを守る]

保全が必要な場所を「保全地域」「保護地区」「普通地域」の３種類の「ヨシ群落保全区域」に指定してヨシ群落を守っていきます。（「保護地区」は、ヨシ群落保全地域の中でも、すぐれたヨシ群落が形成され、魚や鳥などの動物にも有効に利用されており、その生態系の保全を図る上で特に重要であると認められたところです。）

[ヨシを育てる]

自然の回復力を活かした方法によりヨシの増殖・再生を図り、清掃やヨシの刈り取りを実施していきます。

[ヨシを活用する]

私たちの生活の中でヨシを活用できるように調査・研究するとともに、ヨシ群落を環境学習や自然観察の場として活用できるよう啓発していきます。

38 （ア）魚道　（イ）ゆりかご

『滋賀の環境2009』☞ P.13 ～ 14

エサとなるプランクトンが豊富で、しかもびわ湖と水路でつながっていた、かつての田んぼは、フナやコイ、ナマズなどの魚たちにとって格好の産卵や繁殖の場所であり、すなわち稚魚たちの「ゆりかご」としての役割を果たしていました。しかし、農業の生産性や経営の改善を図るために実施されたさまざまな事業の結果、季節によって水路に水が流れなくなり、水路と田んぼとの間に大きな落差が生じてしまったため、湖から田んぼに魚が遡上しにくくなるなど、その「ゆりかご」としての機能が失われてしまいました。このため、県では排水路に魚道を設置するなど、湖から魚が遡上し、産卵繁殖の場として水田を再び利用できるよう、「魚のゆりかご水田プロジェクト」に平成11年（1999）から取り組んでいます。

40 以下の文の（ア）、（イ）の中に入る最も適当な数字を答えよ。

びわ湖では、環境基準の達成状況や水質の変動を把握するために、国土交通省近畿整備局と水資源機構、滋賀県の共同による水質調査が北湖（　ア　）定点、南湖（　イ　）定点で、月１回実施されている。

41 以下の文の（ア）、（イ）の中に入る最も適当な語句を答えよ。

びわ湖に設定されている、水素イオン濃度（pH）、化学的酸素要求量（COD）、浮遊物質（SS）、溶存酸素量（DO）、大腸菌群数、全窒素（Ｔ－Ｎ）、全リン（Ｔ－Ｐ）に関する環境基準のうち、2008年度の調査で、基準を達成していた項目は北湖の（　ア　）と（　イ　）のみである。

42 以下の文の（ア）、（イ）の中に入る最も適当な語句を答えよ。

夏期に（　ア　）成層が発達するびわ湖北湖では、成層期における供給不足と有機物の分解にともなう消費によって、湖底付近では（　イ　）が少なくなる現象が起こることが知られている。

前ページの解答

39 （ア）透明度　　（イ）30

透明度は、主に湖沼や海域の水の「透明さ」の程度を表すために使われている指標です。その測定には直径30㎝の白色の平らな円盤（セッキー板）を使い、このセッキー板を、水面から静かに水中に鉛直方向に沈めて見えなくなった深さと、次にゆっくり引き上げて見え始めた深さの平均値をとったものを透明度の値としています。透明度は水の清濁のほかに、水面の波浪や天空の状態、日射などによっても影響を受けるため、波の静かなときに、船影を利用して太陽や天空の反射の影響の少ない水面で測定することが望ましいとされます。なお、水深の浅い水域や、透明度が高くて底まで見えているところで、この測定法は使えません

43 以下の文の（ア）、（イ）の中に入る最も適当な語句を答えよ。

びわ湖には水浴場が数多くあるが、水浴場の水質判定基準は全国一律で定められており、（　ア　）、油膜の有無、（　イ　）、透明度のいずれかの項目が「不適」に該当すると水浴に「不適」な水浴場となる。

前ページの解答

40 （ア）28　（イ）19

『滋賀の環境2009』☞ P.18

びわ湖では、北湖28定点、南湖19定点の計47定点で、毎月１回の表層（水深0.5m）水質調査が実施されています。定点としては、湖の東岸と西岸のランドマークなどを結ぶラインごとに、原則として中央部を含む３地点ずつが設定されており、また、これら定点のうち、pH や COD などの環境基準の達成状況を監視するための環境基準点としては北湖４地点、南湖４地点が、全窒素（T－N）と全リン（T－P）の環境基準点としては北湖中央部３地点と南湖１地点が定められています。

41 （ア）溶存酸素量　（イ）全リン

注）順不同。DO や T-P のような記号でも○。

『滋賀の環境2009』☞ P.19

平成20年（2008）度のびわ湖の生活環境項目に係る環境基準の達成状況は、北湖の DO と北湖の T－P 以外はすべて未達成の状況でした（平成19年度も同様でした）。

42 【解答】（ア）水温　（イ）溶存酸素（量）

『びわ湖検定公式問題解説集』☞ P.22、98

水温成層とびわ湖心深水層における溶存酸素の不足については、『びわ湖検定公式問題解説集』の P.22、98を参照してください。なお、滋賀県では、余呉湖でも夏場の水温成層期に、深水層が無酸素状態になります。そのため、同湖では、流域での負荷削減対策とあわせて、深層曝気《ばっき》施設を設置して深水層に酸素を供給する試みを実施しています。

44 以下の文の（ア）、（イ）の中に入る最も適当な語句を答えよ。

滋賀県内の河川のうち、（　ア　）川とびわ湖に流入する主要な24河川については環境基準が定められており、各河川が環境基準を満たしているかどうかの判断は、それぞれの河川の（　イ　）に設定された基準点での測定値によってなされている。

前ページの解答

43 （ア）ふん便性大腸菌群数（大腸菌群数でも可）　（イ）COD（化学的酸素要求量）

注）順不同

『滋賀の環境2009』☞ P.21

水浴場の水質判定基準は全国一律で定められています。滋賀県の「平成22年度水浴場（開設前）水質調査結果」によると、県内の水浴場のうち利用客の多い主要な９の水浴場について、開設前の水質を調査した結果、いずれの水浴場も「適」(水質 AA ～ A) または「可」(水質 B ～ C) で、「不適」はありませんでした。「適」の内訳は、「水質 AA」が近江舞子（大津市）、新海浜《しんがいはま》（彦根市）、二本松（長浜市）の３水浴場、「水質 A」が４水浴場、「可」は「水質 B」が２水浴場です。なお、病原性大腸菌 O-157は、いずれの水浴場からも検出されませんでした。

45 以下の文の（ア）、（イ）の中に入る最も適当な語句を答えよ。

次の図は、びわ湖に流入する主な河川を、南湖・瀬田川流入河川、北湖東部流入河川、北湖西部流入河川の３グループに分けて、昭和54年以降のBODの年平均値の経年変化を示したものである。この図から、（　ア　）流入河川のBODの値が特に大幅かつ継続的に減少していることが読み取れるが、この減少をもたらした最も大きな施策は（　イ　）である。

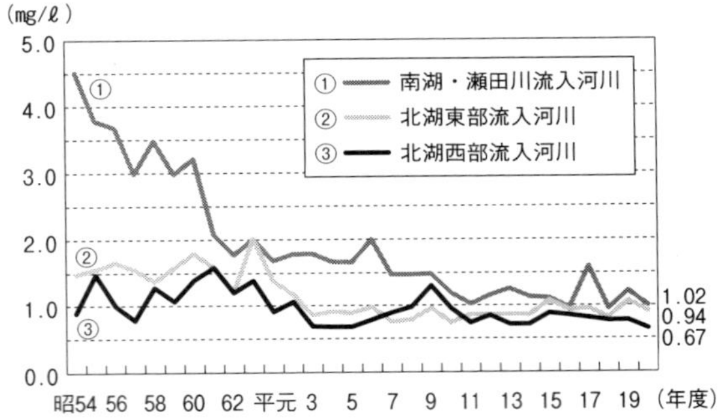

前ページの解答

44 （ア）瀬田　　（イ）河口部または河口付近

『滋賀の環境2009』☞ P.21 ～ 22

滋賀県では、南湖・瀬田川流入10河川、北湖東部流入９河川、北湖西部流入５河川の計24の河川それぞれについて、水質が環境基準を達成しているかどうかを監視するとともに、びわ湖に流入する汚濁負荷量を把握するために、環境基準点を定めて、その場所で毎月測定を行っています。県内河川の環境基準点は、河川の水質が最下流部である河口部（河口付近）で最も悪くなることが多く、その場所で達成されていれば、水域全体でも環境基準が達成されている可能性が高いと考えられることから、そのほとんどが河口部（河口付近）に設定されています。

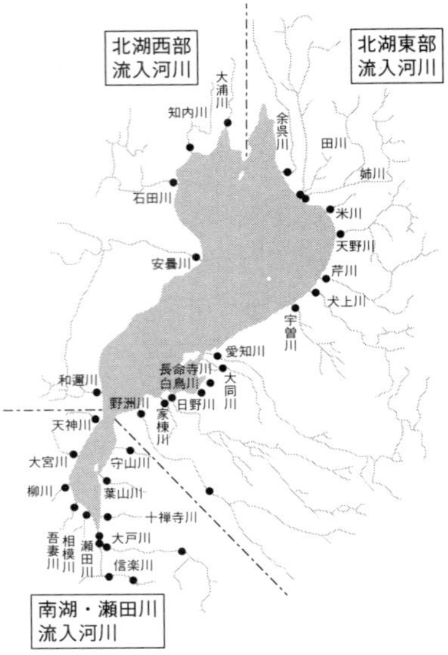

46 以下の文の(ア)、(イ)の中に入る最も適当な語句を答えよ。

わが国では、高度経済成長期、水俣病やイタイイタイ病などの公害問題が発生したが、この時期、滋賀県においても(　ア　)や(　イ　)などの化学物質による汚染問題が発生している。

47 以下の文の(ア)、(イ)の中に入る最も適当な語句を答えよ。

びわ湖では昭和50年代から、赤潮などの(　ア　)の問題が顕在化したが、この問題を解決するために、湖への(　イ　)負荷を削減するためのさまざまな対策が必要になった。

1級

前ページの解答

45 (ア)南湖・瀬田川　　(イ)下水道(の整備)

南湖・瀬田川流入河川のBOD年平均値の経年変化を見ると、昭和54年(1979)度から近年まで着実に値が減少しており、このことは南湖や瀬田川に流入する河川の水質が改善されてきていることを示しています。このような改善をもたらした施策としては、法令による工場排水の規制や下水道の整備など、さまざまなものが考えられますが、水質汚濁防止法や公害防止条例などによる工場排水の規制は、すでに昭和40年代半ばに強化されています。窒素・リンを規制する富栄養化防止条例の施行も昭和55年のことです。確かに、これらの施策によっても、びわ湖や河川に流入する汚濁負荷量は大きく削減されましたが、グラフが有機物汚濁の指標であるBODであることや、グラフに示された水質改善が昭和54年から近年まで長期にわたって観測されていること、南湖・瀬田川流入河川が比較的都市化した地域を流下する河川であることなどを考慮すると、水質の改善をもたらした最も大きな施策は下水道の整備による家庭排水からの汚濁負荷の削減であったと考えられます。

48 以下の文の（ア）～（エ）の中に入る最も適当な語句を答えよ。

滋賀県では、1980年の通称「びわ湖条例」によってリンを含む家庭用合成洗剤の（　ア　）・（　イ　）・（　ウ　）が禁止されたが、この条例と、条例制定の背景になった石けん運動は最終的に、全国のそれまでの洗剤を（　エ　）の家庭用合成洗剤に替えてしまう原動力になった。

前ページの解答

46 （ア）アンチモン　　（イ）PCB（ポリ塩化ビフェニル）

注）順不同

アンチモンとは原子番号51の金属です。昭和43年（1968）に米原町（現米原市）で松枯れや農作物の生育不良が起こり、前年に操業を始めたアンチモン精錬工場の影響が疑われました。アンチモン精錬工場は全国的にも珍しく、その工場は当時、全国のアンチモンの６割を生産していました。昭和45年（1970）に、工場周辺の住民の間に皮膚発疹が続出するに至り、県は専門家による「重金属公害研究対策推進委員会」を設置し、周辺住民や工場従業員に対する健康調査や周辺環境の調査を行い、その結果に基づいて昭和48年に滋賀県公害防止条例を改正し、大気と水質に係るアンチモンの排出基準を設定しました。当時、アンチモンによる公害の例は世界的にもなく、わが国では排出基準が定められていなかったため、県が独自に基準を制定する必要があったからです。その後、基準を順守するための改善が工場になされたことで、この問題は一応の解決をみました。

一方、PCB（ポリ塩化ビフェニル）は、明治14年（1881）にドイツで初めて合成された人工的な有機塩素化合物です。耐熱性や耐食性、電気絶縁性に優れ、かつては、変圧器やコンデンサーといった電気機器の絶縁油や熱媒体、可塑《かそ》剤などの非常に幅広い用途に使用されていました。しかし、その後、発がん性や皮膚障害など、毒性が強いことが判明し、特に日本では、昭和43年（1968）にPCBによるカネミ油症事件が起きたことなどから、昭和47年に生産と使用が中止されています。そのような中、滋賀県でも昭和47年に、草津市の当時の日本コンデンサー草津工場の周辺土壌と水路で1万7,000ppmという高濃度のPCBが検出されました。びわ湖と宇治川の魚がPCBに汚染されていることは、その２年前に明らかになっていましたが、発生源を調査する中で、主要な汚染源として指摘されたのが同工場です。工場からのPCB排水は農業用水路にも流入しており、周辺の約120haの水田が高濃度に汚染され、700ｔ弱の米が出荷停止になっています。また、同じく昭和47年には、県や国がびわ湖で行った調査において、一部の魚介類から総水銀やメチル水銀、規制値を超えるPCBが検出されたことから、びわ湖産魚介類全体のイメージダウンとなり、県内産魚介類の販売が極度な不振に陥るという事件も起こっています。

47 （ア）富栄養化　　（イ）栄養塩　または　窒素・リン

『びわ湖検定公式問題解説集』☞ P.12、108

赤潮やアオコなどの富栄養化は、窒素やリンなどの栄養塩と呼ばれる物質によって引き起こされます。窒素やリンは、われわれ人間を含む生物が生きていくために欠かせない物質であることから、これらの使用をやめることはできません。われわれの日々の暮らしや、食糧を生産する農業や畜産業、さまざまな物品を製造する工業などの人間活動のすべてが湖への窒素・リンの負荷量を増加させる要因となっているため、これらに対する総合的な対策が必要であり、かつ、一挙に負荷を削減することが困難であることから、可能なことから順次計画的に対策を実施していくことが求められています。

49 次の問いに答えよ。

さまざまな取り組みによって近年、びわ湖に流入する汚濁負荷は減少しているが、汚濁の発生源を、①家庭系、②工業系、③農業・畜産系、④市街地・山林・湖面降雨・地下水系の４グループに分けたとき、平成17年度における全窒素（T－N）と全リン（T－P）の発生源を負荷量の大きいものから小さいものの順にそれぞれ並べよ。

（※答えの記入例：①－②－③－④）

T－N：（　　　　　　　　　　）

T－P：（　　　　　　　　　　）

前ページの解答

48 (ア)使用　(イ)販売　(ウ)贈答　注)ア～ウは順不同　(エ)無リン

『びわ湖検定公式問題解説集』☞ P.12、108

滋賀県における「石けん運動(粉せっけん使用推進運動)」は、1970年代初頭に、合成洗剤による手荒れや赤ちゃんのおむつかぶれを防止しようとする主婦たちを中心とした運動として始まりました。この運動は、昭和52年(1977)のびわ湖における赤潮の大発生を契機に、湖の水質を守る全県的な県民運動へと発展し、リンを含む合成洗剤(有リン合成洗剤)の県内での使用、販売、贈答を禁止する「滋賀県琵琶湖の富栄養化の防止に関する条例」(富栄養化防止条例)の制定につながっていきます。当時の合成洗剤はリンを含んでおり、そのリンが湖の富栄養化(赤潮)を促進していると考えられていたからです。

その後、マスコミを通じて紹介された滋賀県の県民運動と条例の趣旨は全国的な共感と賛同を呼び、有リン合成洗剤の不買運動や使用を規制しようとする動きが全国に広がっていきます。当初は条例による洗剤の規制は商業の自由を保証した憲法に抵触するとし、訴訟に訴えても全面的に争うとの姿勢を示していた洗剤工業会も、最終的には提訴をあきらめ、リンを含まない合成洗剤を開発して販売するようになりました。その結果、有リン合成洗剤は今日、わが国では製造されていません。

50 以下の文の（　　）の中に入る最も適当な数字を答えよ。

滋賀県では、「第二次滋賀県廃棄物処理計画」の中で「資源化されない産業廃棄物の排出量」と「産業廃棄物の最終処分量」を2010（平成22）年までに1997（平成9）年度実績の（　　　）分の１にすることを目標に掲げている。

51 以下の文の（ア）、（イ）の中に入る最も適当な団体名と月日を答えよ。

滋賀県内で1970年代に始まった市民運動として、びわ湖の美化を目的とする「（　　ア　　）会」の運動があるが、びわ湖を美しくする運動では、現在でも（　　イ　　）の「びわ湖の日」を基準日として、びわ湖を中心に県内各地で清掃活動が実施されている。

前ページの解答

49　T－N：④－①－③－②　　　T－P：④－①－③－②

『滋賀の環境2009』☞ P.23 ～ 24

平成17年度の琵琶湖流入負荷量は、T－N で16.9 t ／日、T－P で0.86 t ／日と推定されており、発生源別のグループごとの負荷量比はグラフのように試算されています。グラフに示されるように、昭和60年（1985）以降、①家庭系と②工業系の負荷量は、さまざまな対策がとられた結果、全窒素と全リンともに減少し続けています。これに対して、③農業・畜産系と④市街地・山林・湖面降雨・地下水系の負荷量は、対策が難しいこともあり、ほとんど減っていません。結果として今日、湖への負荷量は、④市街地・山林・湖面降雨・地下水系が最も大きく、それに①家庭系と③農業・畜産系、②工業系が続くような順番になっています。

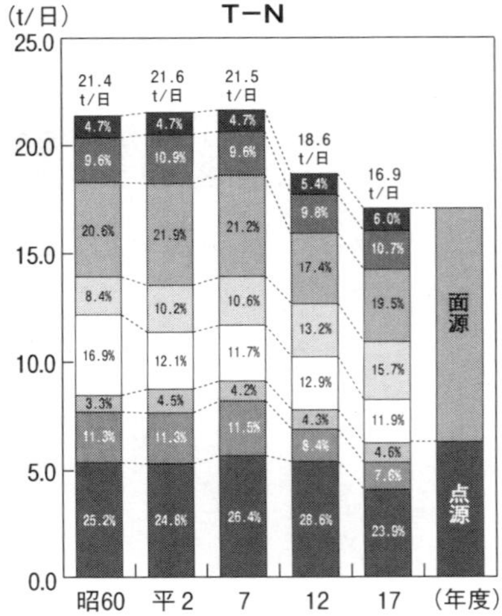

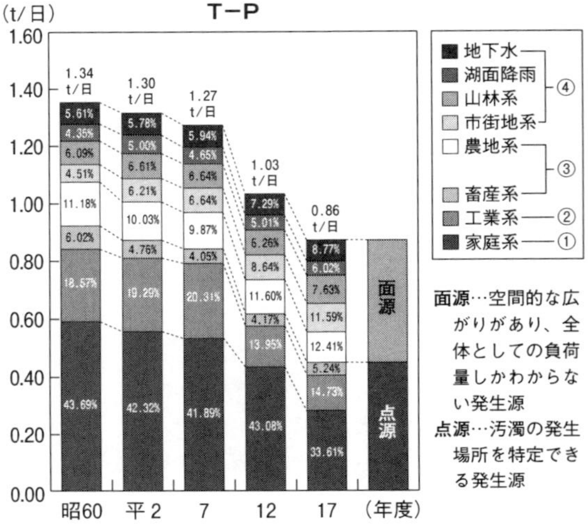

52 以下の文の（ア）～（ウ）の中に入る最も適当な語句や数字を答えよ。

滋賀県では現在、「（　ア　）農作物認証制度」を推進しているが、認証のための要件は、①農薬や化学肥料の使用量を通常の（　イ　）割以下に減らして栽培する、②（　ウ　）の流出防止など、びわ湖やその周辺の環境に優しい技術で栽培する、③いつ、どんな農薬や化学肥料を使ったかきちんと記録する、である。

53 以下の文の（ア）、（イ）の中に入る最も適当な数字を計算して答えよ。

びわ湖の北端から南端までの距離を３ｍに縮めたとき、湖の一番幅が広いところの距離は約（　ア　）m、一番深いところの水深は約（　イ　）㎜となる。

前ページの解答

50 3

滋賀県は「第二次滋賀県廃棄物処理計画」の中で、「資源化されない産業廃棄物の排出量」と「最終処分量」を平成22年（2010）までに平成９年度実績の３分の１にすることを目標に掲げています。

また、事業所からの産業廃棄物の資源化など、減量を進めることを目的に、平成15年（2003）３月「滋賀県産業廃棄物税条例」を制定（廃棄物税を導入）し、徴収された税を産業廃棄物の発生抑制や再生利用、適正処理などを図るための費用にあてることで循環型社会づくりへの取り組みを推進しています。

51 （ア）美しい湖国をつくる　　（イ）７月１日

「美しい湖国をつくる会」は、びわ湖をはじめとする湖国滋賀のすぐれた自然環境を保全するため、県民の一人ひとりの実践をもとに、美しく住み良い郷土をつくることを目的として、昭和46年（1971）に発足しました。主な活動としては、住民による清掃美化活動として、「びわ湖の日」の７月１日を基準日とした「びわ湖を美しくする運動」や「環境美化の日」の12月１日を基準日とした「県下一斉清掃運動」を県内各地で毎年実施しています。また、「湖岸クリーンアップ事業」として、毎年４～12月の間に湖岸に面する構成団体や賛同団体が琵琶湖岸の清掃活動を行っています。（「美しい湖国をつくる会」のホームページより）

なお，滋賀県では、５月30日を「ごみゼロの日」、（富栄養化防止条例が施行された）７月１日を「びわ湖の日」、12月１日を「県下一斉清掃の日」と定めているほか、平成４年（2002）に制定された「滋賀県ごみの散乱防止に関する条例」において、これらの日を「環境美化の日」として位置づけ、県民や事業者が散乱ごみの防止や湖岸などの美化を図るための清掃活動を実施する基準日としています。

54 次の問いに答えよ。

びわ湖は、性格の大きく異なる北湖と南湖からできているが、通常、北湖と南湖の境目とされているのはどこか。また、面積以外で北湖と南湖の大きな違いを4つ挙げなさい。(回答例：北湖の面積は南湖より大きい。)

55 次の問いに答えよ。

ヨシ群落はさまざまな機能(役割)をもつといわれている。滋賀県がびわ湖周辺のヨシ群落を守るために定めた条例の正式名称を答えよ。また、ヨシ群落のもつ主な役割を4つ挙げよ。

前ページの解答

52 (ア)環境こだわり　　(イ)5　　(ウ)濁水

『滋賀の環境2009』☞ P.26(濁水)、P.47

近年、環境の保全とともに食の安全性に対する人々の関心が高まっています。このため県では、環境と調和のとれた農業生産を確保するとともに、より安全で安心な農作物を消費者に供給するために、上記のような「環境こだわり農産物認証制度」を設けています。

53 (ア)1　　(イ)5

『滋賀の環境2009』☞ P. 3

びわ湖の北端から南端までの距離は約60㎞、一番広いところは北湖(新旭～長浜)で約20㎞、一番深いところは約100mです。以上から、琵琶湖の北端から南端までの距離を3mに縮めた場合を計算すると、湖の一番幅が広いところの距離は約1m、一番深いところの水深は約5㎜となります。

びわ湖は湖の中では比較的深いほうですが、それでも上記のように計算してみると、いかにびわ湖が、大地のほんのわずかな窪みに水が溜まってできた湖であるかが理解できます。

56 次の問いに答えよ。

びわ湖では富栄養化が問題となっているが、湖が富栄養化することによって起こる主な現象を５つ挙げよ。

前ページの解答

54 ・琵琶湖大橋が境目

・北湖と南湖の違いについては解説を参照のこと

びわ湖は、最も東西の幅が狭くなったところに（大津市今堅田と守山市今浜町を結んで）架かっている琵琶湖大橋を境に、北側が北湖、南側が南湖と呼ばれています。

北湖と南湖はまったく性格が異なる２つの湖で、以下に示すように、さまざまな点で異なっています。

	北　湖	南　湖
大きさ	大きい（約616㎢）	小さい（約58㎢）
深さ	深い（平均42m）	浅い（平均４m）
容量	大きい（約273億㎥）	小さい（約２億㎥）
水質	きれい（透明度約５m）	きたない（透明度約３m）
湖流	夏場に還流が見られる	還流が見られない
水温	低い	高い
水温成層	発達する	発達しない
流域	広い	狭い
島	自然形成の島がある	人工島しかない

55 ・滋賀県琵琶湖のヨシ群落の保全に関する条例

以下、順不同。また、主旨があっていれば○。

・自然景観（湖国の原風景）を形成する

・魚類および鳥類の生息環境を提供する

・湖岸の浸食防止に役立つ

・水質の保全に役立つ（水質浄化機能をもつ）

『滋賀の環境2009』☞ P.11【１問目の答え】

ヨシ群落はさまざまな機能（役割）をもつといわれていますが、滋賀県がびわ湖周辺のヨシ群落を守るために平成４年に定めた「滋賀県琵琶湖のヨシ群落の保全に関する条例」には、上記の４点がその代表的な機能として挙げられています。

前ページの解答

56 以下、順不同。

・藻類等が異常増殖（繁茂）する
・（水中の酸素消費量が高くなり）貧酸素化する
・藻類が生産する有害物質により水生生物が死滅する
・透明度が低くなる
・湖水が悪臭を放つようになる

上記以外でも富栄養化によって引き起こされる現象なら○。ただし、窒素やリン濃度が上昇するなどは、富栄養化の原因で結果でないので×。

「富栄養化」について、たとえば、㈶環境情報普及センターが運用している「EIC ネット環境用語集」では次のように解説されています。「元来は湖沼等閉鎖水域が、長年にわたり流域から窒素化合物及び燐酸塩等の栄養塩類を供給されて、生物生産の高い富栄養湖に移り変わっていく自然現象をいう。〈中略〉富栄養化になると藻類等が異常増殖繁茂し、水中の酸素消費量が高くなり貧酸素化し、また藻類が生産する有害物質により水生生物が死滅する。また、水質は累進的に悪化し、透明度が低く水は悪臭を放つようになる。緑色、褐色、赤褐色等に変色する。」

第２回びわ湖検定　問題と解答

2010年８月10日第１版第１刷　発行

編集・発行……………………………………………………

びわ湖検定実行委員会

〒520-0807　滋賀県大津市松本1-2-1
財団法人淡海環境保全財団内
Tel. 077-524-7168
http://www.ohmi.or.jp

編集協力・発売…………………………………………………

サンライズ出版 株式会社

〒522-0004　滋賀県彦根市鳥居本町655-1
Tel. 0749-22-0627

印刷・製本………………………………………………………

サンライズ出版 株式会社

Printed in Japan　ISBN978-4-88325-422-4